C.H.BECK ■ WISSEN

in der Beck'schen Reihe

Mit Blick auf die Gegenwart werden in diesem Buch Grundlinien und Grundprobleme der russischen Geschichte seit ihren Anfängen knapp umrissen. Neben einem Überblick über die politischen Ereignisse werden in Gegensatzpaaren langfristige Kontinuitäten erörtert, deren Wurzeln zum Teil schon im Mittelalter liegen: mächtiger Staat und passive Gesellschaft, privilegierte Eliten und geknechtete Unterschichten, Welt der Bauern und Welt der Städte, Frauen und Männer, Abwehr und Expansion, Russen und Nicht-Russen, Bevölkerungswachstum und Kolonisation, Extensivität und verzögertes Wirtschaftswachstum, Heiliges Rußland und Staatskirche, Hochkultur und Volkskultur, Europa und Asien.

Andreas Kappeler ist Professor für Osteuropäische Geschichte an der Universität Wien. Bei C.H.Beck ist von ihm erschienen: *Rußland als Vielvölkerreich* (1992, als Paperback 2001); *Kleine Geschichte der Ukraine* (^{2}2000).

Andreas Kappeler

RUSSISCHE
GESCHICHTE

Verlag C.H.Beck

Mit 4 Karten

1. Auflage. 1997
2., aktualisierte Auflage. 2000
3. Auflage. 2002
4., aktualisierte Auflage. 2005

5., aktualisierte Auflage. 2008

Originalausgabe
© Verlag C. H. Beck oHG, München 1997
Gesamtherstellung: Druckerei C. H. Beck, Nördlingen
Umschlagentwurf: Uwe Göbel, München
Printed in Germany
ISBN 978 3 406 47076 9

www.beck.de

Inhalt

Vorwort 7

I. Grundlagen 9
   Der Gegenstand der russischen Geschichte 9
   Geographische Gegebenheiten 10
   Ethnische Grundlagen: Rus', Rußland und die
   Russen 13

II. Epochen der politischen Geschichte 16
   Kiever Reich (10.–13. Jahrhundert) 16
   Mongolenherrschaft und Aufstieg Moskaus
   (13.–15. Jahrhundert) 18
   Moskauer Reich (15.–17. Jahrhundert) 20
   Rußländisches Imperium (1700–1917) 24
   Revolution und Bürgerkrieg (1917–1921) 33
   Sowjetunion (1922–1991) 36
   Rußländische Föderation (ab 1991) 44

III. Problemfelder 47
   Mächtiger Staat und passive Gesellschaft 47
   Privilegierte Eliten und geknechtete Unterschichten 54
   Die Welt der Bauern und die Welt der Städte 59
   Frauen und Männer 63
   Abwehr und Expansion 66
   Russen und Nichtrussen 71
   Bevölkerungswachstum und Kolonisation 75
   Extensivität und verzögertes Wirtschaftswachstum . 78
   Heiliges Rußland und orthodoxe Staatskirche 82
   Hochkultur und Volkskultur 86
   Europa und Asien 90

IV. Schluß: Kontinuität und Brüche 93

Zeittafel	96
Hinweise auf weiterführende Literatur	98
Karten	101
Register	108

Vorwort

Rußland, das nach der Auflösung der Sowjetunion als Staat neu entstanden ist, richtet seinen Blick auf seine vorrevolutionäre Geschichte. Nach dem Kollaps der marxistisch-leninistischen Ideologie und des sowjetischen Imperiums suchen die Russen nach Orientierung in der nationalen Vergangenheit. Groß ist heute das Interesse an Zaren und Zarinnen, an der im Mittelalter wurzelnden Tradition der Russisch-Orthodoxen Kirche und an den vielfältigen geistigen Strömungen und politischen Gruppierungen des 19. und frühen 20. Jahrhunderts. Auch im westlichen Ausland, wo man die Sowjetunion meist mit pauschalen, ahistorischen Etiketten wie Kommunismus oder Totalitarismus versehen hat, sucht man Wegweiser zum Verstehen der russischen Gegenwart vermehrt in früheren Jahrhunderten.

Dieses kleine Buch setzt sich das Ziel, dem Orientierungsbedürfnis einer breiteren Öffentlichkeit über Rußland und seine Vergangenheit entgegenzukommen. Mit dem Blick auf die Gegenwart werden Grundlinien und Grundprobleme der russischen Geschichte umrissen. Den Schwerpunkt lege ich auf langfristige Kontinuitäten, die in die vorsowjetische Epoche, teilweise bis ins Mittelalter, zurückreichen. Damit soll nicht die Bedeutung der über siebzig Jahre sowjetischer Geschichte für die russische Gegenwart in Abrede gestellt werden. Ebenso lehne ich eine deterministische Sicht ab, die einen meist als verhängnisvolle Abweichung vom westlichen Modell betrachteten „russischen Sonderweg" monokausal auf mittelalterliche Ursachen zurückführt. Dennoch bin ich davon überzeugt, daß einem Bild Rußlands, das aus zu kurzer zeitlicher Perspektive entworfen wird, die Tiefenschärfe fehlt. Politische, wirtschaftliche und soziale Strukturen, Mentalitäten und Erfahrungen üben Langzeitwirkungen aus, die nur mit dem Blick auf die „lange Dauer" (Fernand Braudel) zu erfassen sind.

Nach der Erörterung der wichtigsten Grundlagen in einem knappen ersten Teil folgt ein chronologischer Abriß der politischen Geschichte Rußlands von den Anfängen bis zur Gegenwart (Teil 2). Dabei lege ich den Schwerpunkt auf die innere Entwicklung. Im dritten Teil greife ich elf Problemfelder heraus, die meines Erachtens für das Verständnis russischer Geschichte und Gegenwart von zentraler Bedeutung sind. Die Auswahl dieser Problemfelder ist subjektiv und deshalb unvollständig; auch ihre Interpretation entspricht nicht immer dem Konsens der Forschung.

Die russischen Namen erscheinen in der Regel in der wissenschaftlichen Transliteration (c = ts/z, č = tsch, š = sch, v = w, z = stimmhaftes s, ž = stimmhaftes sch).

Für wertvolle Hinweise und Anregungen danke ich Priv.-Doz. Dr. Christoph Schmidt.

Ich widme dieses Buch zwei Kollegen, die beide wesentlich zur Erforschung der russischen Geschichte beigetragen haben. Zum einen Günther Stökl, meinem Vorgänger in Köln, dessen 1962 erstmals erschienene russische Geschichte noch immer die kompakteste und in der Eleganz der Darstellung und der Ausgewogenheit des Urteils unerreichte Gesamtdarstellung ist. Zum andern ist es eine Gabe zum 60. Geburtstag Carsten Goehrkes, von dem ich während der gemeinsamen Jahre in Zürich viel gelernt habe, so auch den Mut zur Verallgemeinerung, den ich für diese knappe Übersicht dringend benötigt habe.

1. Grundlagen

Der Gegenstand der russischen Geschichte

Gegenstand der russischen Geschichte ist seit dem Beginn der modernen Historiographie fast immer der Staat gewesen. Die fest verankerte Auffassung von einer über tausendjährigen staatlichen Tradition Rußlands ließ nur ausnahmsweise andere Bezugspunkte wie das russische Volk oder den geographischen Raum zu. Zwar stellten seit dem Ende des 19. Jahrhunderts ukrainische Historiker die Kontinuitätslinie Kiev-Moskau-St. Petersburg in Frage, indem sie das Kiever Reich exklusiv für die ukrainische Nationalgeschichte reklamierten. Sie hatten jedoch in der Rußlandhistoriographie damit bisher wenig Erfolg.

Umstrittener war und ist die Frage, ob die russische Geschichte 1917 zu Ende gegangen sei. Die Russische Revolution bedeutete einen tiefen Bruch und führte zu einer neuen politischen Ordnung, zu einer neuen herrschenden Ideologie, zu neuen Eliten und unter Stalin zu einer tiefgreifenden Umwälzung der gesamten Gesellschaft. Andererseits zeigte sich schon nach dem Ende des Bürgerkriegs und noch deutlicher in der Stalinzeit, daß die Sowjetunion die Nachfolge der Großmacht Rußland angetreten hatte.

Die Frage nach der Kontinuität russischer Geschichte stellt sich nach dem Kollaps der Sowjetunion neu. Das postsowjetische Rußland steht vor der Aufgabe, seine Geschichte neu zu schreiben. Dabei knüpft man an die Zeit vor dem Oktober 1917 an. Allerdings entsprechen Rußlands Grenzen nicht denen des zarischen Vielvölkerreiches vor 1917, sondern denen des ethnisch relativ einheitlichen Moskauer Staates im 17. Jahrhundert – die wichtigste Ausnahme sind die Gebiete des nördlichen Kaukasus mit Tschetschenien, die Rußland erst in der Mitte des 19. Jahrhunderts eroberte. Manche Russen stellen sich heute die Frage, ob der Staat immer noch als zentraler Bezugspunkt der russischen Geschichte dienen kann oder ob im Zuge nationaler Umbesinnung als neue Kategorie das Volk, die ethnische Gruppe, herangezogen werden muß. Gehören die fast ausschließlich von Nichtrussen bewohnten Gebiete Polens, Finnlands, Armeniens oder Mittelasiens, die in verschiedenen Perioden zum russischen oder sowjetischen Staat gehörten, zur russischen Geschichte? Sind andererseits die Millionen seit 1917 aus Rußland ausgewanderten Russen und die heute über zwanzig Millionen Russen im sogenannten „Nahen Ausland" Gegenstand der russischen Geschichte?

Völker ohne staatliche Kontinuität wie die Deutschen oder Ukrainer hatten schon seit jeher die ethnische Gruppe (das Volk) zum wichtigsten Subjekt ihrer Geschichte erklärt. Für die meisten Russen ist eine solche Sicht neu und irritierend. Erschwerend kommt hinzu, daß nicht unbestritten ist, wer als Russe zu gelten hat: Gehören nur die Großrussen zum russischen Volk oder auch die sprachverwandten orthodoxen Weißrussen und Ukrainer? Ist vielleicht nicht die Sprache, sondern die Orthodoxie das entscheidende Integrationskriterium? Oder definiert sich ein Russe doch über den Staat, der vor 1917 und heute nicht nach der ethnischen Gruppe der Russen (russkie) benannt ist, sondern mit dem supraethnischen Terminus Rossija (Rußland)?

Ich werde mich an das bis heute vorherrschende staatliche Gliederungsprinzip halten und den folgenden Abriß der politischen Geschichte (Teil 2) mit dem Kiever Reich beginnen und mit der Rußländischen Föderation enden lassen. Da die Russen mit Ausnahme des Kiever Reiches, das seinen Schwerpunkt in der heutigen Ukraine hatte, den Kern dieser Staaten bildeten, stehen sie als ethnische Gruppe im Mittelpunkt. Dabei darf nicht vergessen werden, daß die Geschichte all dieser Staatswesen nicht nur Geschichte der Russen, sondern auch zahlreicher anderer Völker war.

Geographische Gegebenheiten

„Es gibt einen Faktor, der wie ein roter Faden durch unsere ganze Geschichte läuft, der in sich sozusagen ihre ganze Philosophie enthält und der gleichzeitig wesentliches Element unserer politischen Größe und wahre Ursache unserer geistigen Ohnmacht ist – das ist das geographische Faktum", so der russische Philosoph Petr Čaadaev in der ersten Hälfte des 19. Jahrhunderts. Seiner These von der großen und ambivalenten Wirkungskraft der geographischen Gegebenheiten auf die russische Geschichte ist grundsätzlich zuzustimmen. Sie wird allerdings problematisch, wenn sie zu deterministischen Kurzschlüssen führt wie „Der Weite des russischen Raums entsproß die weite russische Seele" oder „Das Fehlen natürlicher Grenzen erforderte in Rußland eine Diktatur, um äußere Feinde erfolgreich abwehren zu können".

Offensichtlich ist der Einfluß geographischer Gegebenheiten auf die wirtschaftlichen Verhältnisse. Das rauhe, kontinentale Klima und die wenig ertragreichen Ackerböden haben der Landwirtschaft in allen Perioden der russischen Geschichte Probleme bereitet: Vom Mittelalter bis zur Gegenwart hören wir periodisch von Mißernten, die meist auf Dürren oder plötzliche Kälteeinbrüche zurückgeführt werden. Die fruchtbaren Schwarzerdeböden, deren Erträge allerdings durch Trockenheit gefährdet werden, lagen in den Steppengebieten des Südens und Südostens, die lange von Reiternomaden kontrolliert wurden. Nur die Kosaken drangen seit dem 15. Jahrhundert den Flüssen nach in die Steppe vor, ostslavische Ackerbauern rückten erst seit der zweiten Hälfte des 16. Jahrhunderts allmählich nach.

Traditioneller Lebensraum der Russen war deshalb der Wald: Holz war bis ins 20. Jahrhundert das weitaus wichtigste Bau- und Brennmaterial. Waldgewerbe wie die Waldbienenzucht oder die Jagd stellten lange bedeutende Wirtschaftszweige dar, und Wachs und Pelze waren über Jahrhunderte die wichtigsten Exportgüter Rußlands. Auch die geistige Welt russischer Bauern blieb lange von der von Geistern und Nymphen beseelten Welt des Waldes bestimmt. Wald und Sümpfe behinderten den Verkehr, der deshalb in der Regel über die Flüsse ging, die das wichtigste raumgliedernde Element Rußlands darstellen. Doch blieben die Mündungen der Flüsse lange unter der Kontrolle anderer Mächte. Die Kontinentalität Rußlands, das erst spät Zugang zu eisfreien Meeren erhielt, verzögerte die Entwicklung des Außenhandels und damit auch die von Fernkaufleuten ausgehenden kapitalistischen Impulse.

Deutlich ist auch der Zusammenhang von Geographie und Demographie: Der riesige, kaum durch natürliche Grenzen gegliederte, weitgehend flache Raum der Russischen Tafel und ihrer Fortsetzung im Osten förderte die Mobilität der Bevölkerung. Die kontinuierlichen Migrationen russischer Bauern wurden erleichtert durch die Verkehrswege der großen Flußsysteme vom Dnjepr über Don und Wolga bis zu den Strömen Sibiriens und ihren Nebenflüssen. Die sich aus der ständigen Abwanderung ergebende niedrige Bevölkerungsdichte und die relativ großen Reserven an Land und Rohstoffen förderten eine extensive Wirtschaftsweise und zwangen Rußland nicht zu einer Intensivierung der Anbaumethoden oder der Technologie.

Der weitgehend offene Raum war, so hat die russische Historiographie oft betont, ständig Aggressionen von allen Seiten ausgesetzt. Im Süden und Osten war es die Bedrohung durch Reiternomadenvölker, die in der Eroberung Rußlands durch die Mongolen kulminierte. Im Westen wechselten sich die Invasoren ab, von den normannischen Warägern über den Deutschen Orden, die Litauer, Schweden und Polen bis zu Napoleon und Hitler. Umgekehrt erleichterten die geographischen Bedingungen die Expansion Rußlands auf dem Landweg nach Asien und Mitteleuropa und zu den Meeren. Dennoch geht R. J. Kerner zu weit, wenn er „den Drang zum Meer" als entscheidende Triebkraft der russischen Geschichte betrachtet. Im Bereich der politischen Geschichte stoßen wir überhaupt an die Grenzen geographischer Erklärungen. Für eine Deutung von Invasionen und Expansionen war die Stärke oder Schwäche der staatlichen Organisation der Nachbarn Rußlands wichtiger als die räumlichen Bedingungen. Der riesige Raum und die Schwierigkeiten seiner Beherrschung taugen auch nicht als Erklärung der zentralistischen und autoritären Staatsform Rußlands; eine Dezentralisierung wäre, wie

Carsten Goehrke zutreffend betont, eine ebenso angemessene Lösung gewesen. Auf noch schwankenderes Terrain begeben sich Deutungen, die, wie oben angedeutet, aus den Raumbedingungen völkerpsychologische Schlüsse ziehen.

Schließlich darf nicht vergessen werden, daß sich die geographischen Gegebenheiten im Laufe der Geschichte verändert haben, nicht zuletzt unter der Wirkung menschlicher Eingriffe. Zwar ist der Mensch heute weniger von seiner Umwelt abhängig als in früheren Jahrhunderten, doch hat der Raubbau an der Natur (Abholzung, Anlage von Stauseen, rücksichtslose Industrialisierung und Gewinnung von Bodenschätzen und Kernenergie) gerade in Rußland, wo man besonders nachlässig und verschwenderisch mit den reichen natürlichen Ressourcen umging, gewaltige ökologische Probleme geschaffen.

Ethnische Grundlagen: Rus', Rußland und die Russen

Der Name der Russen und Rußlands geht zurück auf den Begriff Rus', mit dem am Ende des ersten Jahrtausends ursprünglich die normannischen Waräger bezeichnet wurden, die einen wichtigen Anstoß zur ersten ostslavischen Staatsbildung gaben. Der Name Rus' wurde auf den Herrschaftsverband und auf die ostslavische Bevölkerungsmehrheit übertragen, in der die Normannen bald aufgingen. Er blieb im politischen und ethnischen Sinn für alle Ostslaven bis ins 17. Jahrhundert erhalten. Zum Begriff Rus' gehörte das Adjektiv *rus'kij*, das später zum Ethnonym der (Groß-)Russen (russkie) wurde. Um Verwirrungen zu vermeiden, sollte man deshalb den Begriff „russisch" nur für die Großrussen und ihre Herrschaftsbildungen verwenden, nicht aber für das Kiever Reich und die Vorfahren der heutigen Ukrainer und Weißrussen; ihm sind der zeitgenössische Begriff „Rus'" oder die übergreifende Bezeichnung „Ostslaven" vorzuziehen.

Jünger ist der Terminus Rußland *(Rossija)*. Er beginnt seit dem 16. Jahrhundert die Begriffe Rus' und Moskauer Staat allmählich zu ersetzen und wird im späten 17. Jahrhundert zur offiziellen Bezeichnung des Zarenreichs. Rossija und das zugehörige Adjektiv *rossijskij* haben supraethnische Bedeutung und bezeichnen bis heute den Staat und seine Untertanen. Wenn mir die Abgrenzung vom ethnischen Terminus *russkij* (russisch) notwendig erscheint, übersetze ich deshalb *rossijskij* im folgenden mit „rußländisch". Eine anachronistische Übertragung des Begriffs Rußland, auch in der Form Altrußland, auf das Mittelalter ist abzulehnen; auch hier ist Rus' der passende Begriff, der die späteren Ukrainer und Weißrussen mit umfaßt.

Die Russen als wichtigster Kern des modernen rußländischen Staates sind als ethnische Gruppe im Laufe des Mittelalters entstanden. Seit dem 6. Jahrhundert hatten sich am mittleren Dnjepr die Ostslaven formiert, deren Sprache sich in der Folge über weite Gebiete Osteuropas ausbreitete. Im Norden und Nordosten des ostslavischen Siedlungsgebiets, im Raum zwischen Groß-Novgorod im Westen und Nižnij Novgorod im Osten, vollzog sich die Ethnogenese der (Groß-)Russen, wobei die zuvor hier ansässigen finnischsprachigen Stämme allmählich akkulturiert wurden.

Als ein Merkmal des russischen Ethnos entwickelte sich eine eigenständige russische Sprache, die allerdings bis ins 18. Jahrhundert von der aus dem Südslavischen übernommenen kirchenslavischen Schriftsprache überlagert wurde. Der orthodoxe Glaube als zweites ethnisches Merkmal gewann an Bedeutung, als Konstantinopel gefallen war und sich Griechen, Ukrainer und Weißrussen in einer Kirchenunion mit Rom verbanden. In der Mitte des 15. Jahrhunderts wurde die Moskauer Kirche zum wichtigsten Hort der Orthodoxie und zu einer Art Nationalkirche. Der orthodoxe Glaube wurde in der Folge nicht selten als „russischer Glaube" bezeichnet und blieb ein wichtiges Merkmal des russischen Nationalbewußtseins.

Der zentrale Faktor für die Formierung eines russischen Ethnos und später einer russischen Nation war indessen der Staat, der sich seit dem 14. Jahrhundert um Moskau herum bildete. Auf den Moskauer Staat beziehen sich erste Äußerungen eines russischen Proto-Nationalbewußtseins im 16. Jahrhundert. Dieser Reichspatriotismus, der in erster Linie auf dynastischen und territorialen Faktoren basierte, blieb als Integrationsideologie bis zur Revolution erhalten. Ein mit ihm konkurrierendes, modernes, auf Geschichte, Sprache und Volkskultur basierendes Nationalbewußtsein wurde zwar von der neuen sozialen Gruppe der Intelligenz seit dem 18. Jahrhundert formuliert, doch vermochte es bis zur Revolution nicht, die Russen zu einer Nation zu integrieren. Die tiefe Kluft zwischen gebildeten Eliten und der Masse der Unterschichten und der Widerspruch zwischen ethnisch-nationaler Ideologie und multinationaler Zusammensetzung des Zarenreiches hemmten die russische Nationsbildung.

Das änderte sich auch in der Sowjetperiode nicht, als die Bolschewiki versuchten, die historische Etappe des Nationalstaats zu überspringen und direkt von der vornationalen in eine nachnationale, internationalistische Phase zu gelangen. Unter Stalin holte der russische Nationalismus die Kommunisten wieder ein, allerdings im Gewand des Sowjetpatriotismus, einer neuen Spielart des Reichspatriotismus. Trotz Urbanisierung, Industrialisierung und Bildungsrevolution blieben die Russen unter der sowjetischen Diktatur eine „verspätete Nation". So ist es nicht verwunderlich, daß die nationale Frage nach dem Kollaps der Sowjetunion ins Zentrum der öffentlichen Diskussion gerückt ist.

II. Epochen der politischen Geschichte

Kiever Reich (10.–13. Jahrhundert)

Die ersten Nachrichten über die Herrschaftsbildung der Rus' beziehen sich auf Kriegs- und Raubzüge gegen Konstantinopel und auf Handelsbeziehungen mit dem Byzantinischen Reich in der zweiten Hälfte des 9. und ersten Hälfte des 10. Jahrhunderts. An der Achse Ostsee – Dnjepr – Schwarzes Meer, dem „Weg von den Warägern zu den Griechen" (so die älteste Chronik), formierte sich das Kiever Reich. Die Dynastie der Rjurikiden, die über die dort lebenden ostslavischen Stämme herrschte, war normannischer Herkunft, wie auch die germanischen Namen der beiden ersten bekannten Fürsten Oleg (Helgi) und Igor (Ingvar) zeigen. Schon die folgenden Herrscher Svjatoslav und Vladimir trugen jedoch slavische Namen – ein Hinweis auf die rasche Slavisierung der Waräger-Rus'.

Einen wichtigen Schritt der politischen Konsolidierung bedeutete die Annahme des Christentums oströmischer Prägung durch Vladimir den Heiligen (980–1015) im Jahre 988. Im Gegenzug erhielt der Fürst der Rus' die purpurgeborene Schwester des byzantinischen Basileus zur Frau, eine Ehre, die selbst den ottonischen Kaisern nie zuteil geworden war. Diese exklusive Eheverbindung verlieh der Kiever Dynastie großes Prestige, und in der Folge traten die Rjurikiden in Heiratsverbindungen mit zahlreichen Herrscherhäusern Europas; so heirateten Kaiser Heinrich IV. und der französische König Heinrich I. Prinzessinnen aus der Rus'.

Im 11. Jahrhundert erlebte das Kiever Reich unter Fürst Jaroslav dem Weisen (1019–1054) seine Blütezeit. Es ist erstaunlich, wie schnell sich nicht nur der politische und wirtschaftliche, sondern auch der kulturelle Aufschwung vollzog. Das Städtewesen und der Fernhandel prosperierten, und die von Byzanz und Bulgarien geprägte Hochkultur ist in Bauten wie den Sophienkathedralen von Kiev und Novgorod und in literarischen Werken wie der Nestorchronik noch heute zu bewundern.

Das Kiever Reich war eine lockere Föderation einzelner Länder. Die komplizierte Nachfolgeregelung des Seniorats und eine Hierarchie der einzelnen Fürstentümer mit Kiev an der Spitze brachten es mit sich, daß die Mitglieder der Rjurikiden-Dynastie ständig von einem Gebiet in ein anderes zogen. Diese Mobilität der Fürsten und ihrer Gefolgschaften war eine wichtige Ursache dafür, daß sich im Kiever Reich erst spät Territorial- und Grundherrschaften herausbildeten. Nach einer letzten Konsolidierungsphase des Kiever Großfürstentums unter Vladimir Monomach (1113–1125) gewannen zentrifugale Kräfte die Oberhand, und einzelne periphere Fürstentümer wurden zu neuen Machtzentren, die sich um die Führungsrolle stritten. Die wichtigsten waren im Südwesten Černigov, Wolhynien und Galizien, im Westen Smolensk und Polock, im Norden die Stadtrepubliken Novgorod und Pskov und das Fürstentum Vladimir-Suzdal'. Damit kristallisierten sich die drei Territorien heraus, in denen sich die drei ostslavischen Völker der Ukrainer, Weißrussen und Großrussen formierten.

Vladimir-Suzdal', das unter den Fürsten Jurij Dolgorukij und Andrej Bogoljubskij in der zweiten Hälfte des 12. Jahrhunderts eine Vorrangstellung erreichte, sollte zum Kern des späteren rußländischen Staates werden. Hier, im erst relativ spät von Ostslaven besiedelten Kolonialgebiet des Nordostens, wurde die Macht des Herrschers durch den Bojarenadel und das veče, die städtische Volksversammlung, weniger stark eingeschränkt als im Süden und Westen.

Das Zentrum des Kiever Reichs hatte dagegen viel weiter im Süden, im heutigen Siedlungsgebiet der Ukrainer nahe der Steppengrenze, gelegen. Kriegerische Auseinandersetzungen und friedliche Symbiose mit den Reiternomaden (erst den Petschenegen, dann den Polowzern-Kumanen) hatten deshalb seine Geschichte ständig begleitet. Als im Jahre 1223 erstmals ein mongolisches Heer die Fürsten der Rus' besiegte, ordnete man diesen neuen Gegner zunächst in diese Tradition ein. Es zeigte sich jedoch schon bald, daß die Auseinandersetzung mit den Mongolen eine neue Qualität besaß. In den Jahren 1237 bis 1240 drangen mongolische Heere in die Waldgebiete ein, zerstörten die meisten Städte und unterwarfen die gesamte Rus'. Während die westlichen und südlichen Fürstentümer in der Folge an Litauen und Polen fielen, blieb die nördliche und östliche Rus' für über zwei Jahrhunderte unter mongolisch-tatarischer Oberherrschaft.

Mongolenherrschaft und Aufstieg Moskaus (13.–15. Jahrhundert)

Das Kerngebiet des späteren Rußland im Nordosten und Norden der Rus' stand seit der Mitte des 13. Jahrhunderts unter der Botmäßigkeit der Goldenen Horde, des westlichen Teilreiches des mongolischen Imperiums. Deren Khane, die in Saraj an der unteren Wolga residierten, übten eine indirekte Herrschaft über die Rus' aus. Die unterworfenen Fürstentümer mußten einen Tribut und Dienstleistungen entrichten, und der Khan hatte das Recht, die Fürsten einzusetzen bzw. zu bestätigen. Direkt griffen mongolische Truppen nur ein, wenn sich Widerstand gegen diese Ordnung erhob. Die innere sozio-politische Ordnung der Rus' wurde nicht angetastet. Auch der orthodoxen Kirche wurden Privilegien und Grundbesitz garantiert.

Die Herrschaft der Goldenen Horde über die Rus' gilt in der russischen Historiographie als finstere Zeit des „Tatarenjochs". Zwar sind die negativen wirtschaftlichen Folgen der Eroberung und der Tributzahlungen unbestritten, auf der anderen Seite brachte die Eingliederung in das administrativ, militärisch und wirtschaftlich hoch entwickelte mongolische Weltreich auch Vorteile mit sich. Für die russische Tradition überwiegt dennoch bis heute die negative Beurteilung, die in der schon von den Zeitgenossen schwer zu verkraftenden Tatsache wurzelt, daß die christliche Rus' Untertan eines ungläubigen Khans geworden war.

Die Fürsten der Rus' mußten sich indessen mit den Realitäten abfinden, die ihnen gegen die militärisch weit überlegenen Mongolen-Tataren keine Chance ließen. Schon der berühmte und später heilig gesprochene Alexander Nevskij, der in den Jahren 1240 und 1242 Angriffe der Schweden und des Deutschen Ordens im Westen zurückgeschlagen hatte, arbeitete eng mit dem Khan zusammen, auch im Machtkampf mit seinem Bruder. Diese Politik setzten im 14. Jahrhundert die Fürsten von Moskau fort. Die Auseinandersetzung zwischen Moskau und Tver' um den Titel eines Großfürsten der ganzen Rus' wurde nicht zuletzt am Hofe des Khans ausgefochten, der die einzelnen Fürsten gegeneinander ausspielte. Die Oberhand behielten die Moskauer Fürsten, die ihr ursprünglich kleines Territorium auf Kosten benachbarter Fürstentümer ständig erweiterten. Wichtig für den Erfolg Moskaus war, daß es von der orthodoxen Kirche unterstützt wurde. Um 1300 hatte der Metropolit seinen Sitz aus dem zerfallenen Kiev nach Vladimir verlegt, doch schon 1328 zog er nach Moskau. Die enge Zusammenarbeit mit den Moskauer Großfürsten zeigte sich besonders deutlich in der Regentschaft des Metropoliten Aleksij für den minderjährigen Großfürsten Dmitrij Donskoj.

Nach dem Erfolg über Tver' blieben als Konkurrenten Moskaus um die Oberherrschaft über die Rus' die Großfürsten von Litauen, die im 14. Jahrhundert die meisten westlichen und südlichen Gebiete der Rus' mit der alten Hauptstadt Kiev unter ihre Botmäßigkeit gebracht hatten. Der Übertritt des litauischen Großfürsten Jagiello zum römisch-katholischen Glauben und seine Krönung zum polnischen König im Jahre 1386 entschieden dann aber die Auseinandersetzung langfristig zugunsten Moskaus. Auch ein Bürgerkrieg zwischen zwei Zweigen der Moskauer Dynastie in der ersten Hälfte des 15. Jahrhunderts konnte die Vorherrschaft Moskaus im Nordosten nicht mehr erschüttern. Den Moskauer Großfürsten kam auch zustatten, daß die Macht der Goldenen Horde allmählich zerfiel. Ein erstes Signal hatte schon 1380 ein Sieg Dmitrij Donskojs über ein tatarisches Heer gegeben.

Allerdings war das Moskauer Großfürstentum um 1450 noch relativ klein. Ganz abgesehen von den weiten Gebieten der Rus', die unter litauischer und polnischer Herrschaft standen, waren die Großfürstentümer Tver' und Rjazan' und die Stadtrepubliken Novgorod und Pskov noch selbständig. In Novgorod hatte sich schon seit dem 12. Jahrhundert eine von den übrigen Gebieten der Rus' abweichende sozio-politische Ordnung etabliert, die den Fürsten zur reinen Repräsentationsfigur machte und die entscheidenden Befugnisse der Volksversammlung, dem *veče,* übertrug. In der Praxis übernahmen allerdings die grundbesitzenden Bojaren zusammen mit dem Erzbischof im Laufe der Zeit die politische Führung. Auch wirtschaftlich stellte Novgorod eine Ausnahme dar, stand es doch in regen Handelsbeziehungen zur Hanse und verfügte über ein riesiges Territorium im Norden und Nordosten bis zum Eismeer und zum Ural, wo es von finno-ugrischen Stämmen Pelztribute erhob. So war die Stadtrepublik Novgorod eine Brücke zu Mitteleuropa und eine Alternative zum stärker nach Osten orientierten und vom Fürsten dominierten Moskau.

Moskauer Reich (15.–17. Jahrhundert)

Die Eroberung und Annexion Novgorods durch Ivan III. (1462–1505) im Jahre 1478 bedeutete einen entscheidenden Schritt im „Sammeln der Länder der Rus'", das die Moskauer Fürsten seit dem 14. Jahrhundert mit Erfolg betrieben. Die Eingliederung der bedeutenden Handelsstadt mit ihrem riesigen Hinterland machte das Großfürstentum Moskau zum territorial größten Staat Europas. Sieben Jahre später wurde auch das Großfürstentum Tver', das Moskau lange die Führungsstellung streitig gemacht hatte, annektiert. Unter Vasilij III. (1505–1533) folgten die Stadt Pskov, das seit einem Jahrhundert litauische Fürstentum Smolensk und das Großfürstentum Rjazan'. Der Moskauer Großfürst gliederte die neu gewonnenen Gebiete direkt in die Moskauer Verwaltung ein, ließ regionale Institutionen wie das *veče* (in Novgorod und Pskov) abschaffen und zahlreiche Adlige und Kaufleute ins Zentrum des Moskauer Staates umsiedeln. Damit wurden regionale Sonderentwicklungen, wie sie seit Jahrhunderten die Rus' geprägt hatten, gewaltsam abgebrochen: Novgorod, Pskov, Smolensk, Tver' und Rjazan' sanken zu Provinzstädten ab.

Staatsbildung und Zentralisierung

Mit der territorialen Konsolidierung einher ging die Staatsbildung im Inneren. Ivan III. setzte das Nachfolgeprinzip der Primogenitur endgültig durch und beschränkte die Rechte und Besitzungen der anderen Mitglieder der regierenden Dynastie und das Abzugsrecht des Erbadels der Bojaren. Seit dem Ende des 15. Jahrhunderts wurden für bestimmte Aufgaben wie Außenpolitik, Finanz- und Militärwesen Zentralämter geschaffen und die Regionalverwaltung neu organisiert. Zwei Gesetzbücher von 1497 und 1550 vereinheitlichten die regionalen Rechtsordnungen, wobei die Befugnisse des Großfürsten ausgeweitet und die Sanktionen verschärft wurden. Ein weiteres Element der staatlichen Zentralisierung war die Einführung einer einheitlichen Währung, der Moskauer Silberkopeke.

Ivan III. verteilte erstmals zahlreiche Dienstgüter *(pomestja)* an Moskauer Dienstleute, so infolge der Aussiedlungen frei gewordene Güter im Novgoroder Land. Damit versorgte er die zahlenmäßig stark anwachsenden Kavalleristen, die er für seine Expansionspolitik benötigte, materiell und schuf ein Instrument, um den Adel, auch die über Erbgüter *(votčiny)* verfügenden Bojaren, enger an den Herrscher zu binden. Als Konzession an die adligen und klösterlichen Grundbesitzer ist die im Jahre 1497 erlassene Beschränkung der Abzugsfreiheit der abhängigen Bauern auf zwei Wochen im Herbst zu verstehen.

Die Stärkung der Zentralmacht wurde in dieser Zeit auch ideologisch untermauert. Die Kirche, die eng mit dem Großfürsten zusammenarbeitete, legitimierte ihn als prinzipiell unbeschränkten, nur Gott verantwortlichen Herrscher, der Exekutive, Gesetzgeber und Richter in einem und weder an Rechtsnormen noch an ständische Institutionen gebunden war. Damit wurde in Rußland die spezifische Herrschaftsform der Moskauer Autokratie verankert, in der sich eigene ostslavische Traditionen mit byzantinischen und tatarischen Elementen vermischten. Nachdem das Oströmische Reich und die Goldene Horde gefallen waren, wurde der junge Moskauer Großfürst Ivan IV. (1533–1584) im Jahre 1547 auf Initiative des Metropoliten Makarij zum Zaren gekrönt.

Wichtiger als die Nachfolge des oströmischen Kaisers war die Auseinandersetzung um das Erbe der Goldenen Horde, in die Moskau energisch eingriff. Im Jahre 1552 eroberte Ivan IV. eines der tatarischen Nachfolgereiche, das Khanat von Kazan' an der mittleren Wolga. Damit annektierte Moskau erstmals ein souveränes Staatswesen mit eigener islamischer Hochkultur, das nie zur Rus' gehört hatte. Mit der Eroberung Kazan's und Astrachan's (1556) wurde der Moskauer Staat zu einem polyethnischen, multireligiösen Imperium, das im Osten die Nachfolge der Goldenen Horde als eurasiatisches Großreich antrat. Der nächste Schritt war die Ende des 16. Jahrhunderts beginnende und wenige Jahrzehnte später weitgehend abgeschlossene Eroberung Sibiriens.

Expansion und Krise

Dem äußeren und inneren Aufstieg des Moskauer Reiches, mit dem ein demographischer und wirtschaftlicher Aufschwung einherging, folgte seit 1560 eine schwere Krise. Sie wurde ausgelöst durch die Überforderung der inneren Kräfte im Livländischen Krieg (1558–1583), der nach anfänglichen Erfolgen, wie der Eroberung des Ostseehafens Narwa und des alten Fürstensitzes Polock, mit einer schweren Niederlage gegen die Ostseemächte Polen-Litauen und Schweden endete. Der fünfundzwanzigjährige Krieg erhöhte den Finanzbedarf des Staates und der Grundbesitzer, so daß die Abgaben und Fronleistungen der Unterschichten in Stadt und Land erheblich erhöht wurden.

Zur Krise trug die Terrorherrschaft Ivans IV. bei, dessen Beiname Groznyj (eigentlich „der Strenge", „Ehrfurchtgebietende") im Westen später als „der Schreckliche" wiedergegeben wurde. Sie fand ihren Höhepunkt in der *Opričnina*-Politik der Jahre 1565 bis 1572, als unzählige tatsächliche oder vermeintliche Gegner des Zaren aus den Kreisen des Hochadels, der Kirchenhierarchen und der Novgoroder Bevölkerung umgebracht, aber auch breitere Bevölkerungsschichten in Mitleidenschaft gezogen wurden.

Die steigenden Lasten, die Verheerungen infolge des Krieges und der *Opričnina*, Mißernten und Seuchen führten dazu, daß unzählige Bauern aus den nordwestlichen und zentralen Regionen in die nach der Eroberung Kazan's sicherer gewordenen Grenzgebiete des Ostens und Südostens flohen. Um die wirtschaftliche Basis der militärischen Dienstleute zu erhalten, erließ der Staat am Ende des 16. Jahrhunderts ein Abzugsverbot, das jedoch schwer durchzusetzen war. Dennoch stellte die Bindung der Bauern an die Scholle, die 1649 endgültig sanktioniert wurde, eine wichtige Etappe auf dem Weg zur Leibeigenschaft dar.

Die soziale, wirtschaftliche und politische Krise kulminierte zu Beginn des 17. Jahrhunderts in der Zeit der „Wirren" *(Smuta)*. Nachdem die Dynastie der Rjurikiden 1598 ausgestorben und Boris Godunov, der darauf zum Zaren gewählt wurde, 1605 gestorben war, brach die bestehende Ordnung völlig zusammen. Eine Hungerkatastrophe, eine Intensivierung der Massenflucht, soziale Unruhen, die im Volksaufstand unter Führung Bolotnikovs gipfelten, das Auftreten zweier Usurpatoren, die sich als Dmitrij, den verstorbenen jüngsten Sohn Ivans IV., ausgaben, und die damit verbundene militärische Intervention Polen-Litauens und Schwedens brachten das Moskauer Reich an den Rand des Untergangs. Eine von breiten Schichten gestützte, von den östlichen Randgebieten ausgehende Volksbewegung beendete indessen das Chaos in erstaunlich kurzer Zeit. Die ausländischen Interventen wurden vertrieben, wobei allerdings territoriale Verluste (Smolensk, Zugang zur Ostsee) in Kauf genommen werden mußten. Im Jahre 1613 wählte eine Landesversammlung *(zemskij sobor)* Michail Romanov, einen Großneffen der ersten Frau Ivans IV., zum Zaren.

Bis zur Mitte des 17. Jahrhunderts erholte sich das Moskauer Reich wirtschaftlich wieder, und die sozio-politische Ordnung der Autokratie wurde ausgebaut und zementiert. Sozialer Protest (in mehreren Stadtaufständen und der Volkserhebung unter Stepan Razin 1670/71) konnte niedergeschlagen werden. Eine Militärreform, die die Adelsreiterei durch stehende Infanterietruppen „neuer Ordnung" ergänzte, ermöglichte in der Jahrhundertmitte die Wiederaufnahme der Expansion nach Westen. 1654 und endgültig 1667 mußte Polen-Litauen Smolensk und die östliche Ukraine mit Kiev an das Moskauer Reich abtreten. Die Ost-Ukraine, die als Hetmanat der Dnjepr-Kosaken weitgehende Autonomie genoß, wurde mit ihren Bildungsstätten, vor allem der Kiever Akademie, in der zweiten Hälfte des 17. Jahrhunderts zum wichtigsten Kanal westlicher Einflüsse auf das Moskauer Reich. Gleichzeitig erlebte die russisch-orthodoxe Kirche 1667 eine Spaltung, indem die sogenannten Altgläubigen ausgestoßen wurden; sie konnten sich trotz Verfolgungen und Diskriminierung bis heute halten. Die Einflüsse der säkularisierten westlichen Kultur und die Krise der Kirche markierten das endgültige Ende des russischen Mittelalters und bereiteten den Boden für die Reformen Peters des Großen.

Rußländisches Imperium (1700–1917)

Peter der Große

Gegen die traditionale Moskauer Welt wandte sich Zar Peter (1682/89–1725), der schon in seiner Jugend mit Ausländern bekannt geworden und 1697/98 als erster russischer Herrscher nach Westeuropa gereist war. Erst ging es um Äußerlichkeiten: So befahl er den Bojaren, die Bärte abzuschneiden und westliche Kleidung zu tragen, und führte am 1. Januar 1700 statt der byzantinischen die abendländische (julianische) Jahrzählung ein. Als Symbol für die Wendung Rußlands nach Westen begründete er 1703 an der Ostsee St. Petersburg, das wenige Jahre später zur Hauptstadt erhoben wurde.

Sein Lebensziel war es, Rußland in ein den westlichen Großmächten ebenbürtiges Imperium zu verwandeln. Dazu führte er während seiner ganzen Regierungszeit Krieg. Während seine Unternehmungen gegen das Osmanische Reich keine bleibenden Erfolge brachten, eroberte Rußland im Nordischen Krieg die schwedischen Ostseeprovinzen Estland und Livland und gewann bestimmenden Einfluß auf Polen-Litauen. Rußland wurde damit zur Vormacht in Osteuropa und im Ostseeraum und hatte fortan einen festen Platz unter den europäischen Großmächten.

Der Krieg wurde zum Vater der Reformen. Zu diesem Zweck mußten alle menschlichen und natürlichen Ressourcen mobilisiert werden. Unter dem Einfluß der europäischen Frühaufklärung zeigte Peter ein rationales Fortschrittsdenken, das möglichst alle Lebensbereiche zu regulieren und in einen gut funktionierenden Mechanismus zu verwandeln suchte. Die oft sprunghaften petrinischen Reformen betrafen das Militärwesen, die Verwaltung, die Steuern, die Wirtschaft und die Kirche. Die Menschen wurden zwangsweise in den Dienst des Staates gestellt, die Lastenpflichtigen als lebenslängliche Rekruten oder als Zwangsarbeiter, die Adligen, die sich westliche Bildung erwerben und einen europäischen Lebensstil annehmen mußten, als Offiziere und Beamte.

Die Welt des Adels wurde durch die Reformen tiefgreifend umgestaltet, während die Lage der Unterschichten und die sozialen und politischen Strukturen des Landes nicht entscheidend verändert wurden. So ist auch die Einschätzung Peters des Großen bis heute umstritten. Hat er für Rußland „das Fenster nach Europa aufgestoßen" (Puškin) und dadurch seine Modernisierung eingeleitet, oder hat er die Kräfte Rußlands auf Kosten der Unterschichten erneut überspannt? Im einprägsamen Bild des Petersburger Historikers Anisimov: War der petrinische Staat nach den Wünschen des Zaren ein Schiff der rationalen Vernunft geworden oder eine Galeere mit einer adligen Besatzung und zahllosen Ruder-Sklaven?

Obwohl manche der Reformen nach Peters Tod wieder rückgängig gemacht wurden, blieb der allgemeine Kurs, den er eingeschlagen hatte, erhalten. Diese Übergangszeit ist durch eine Reihe von Nachfolgekrisen gekennzeichnet, im Laufe derer vier Frauen, zwei Kinder und der nicht ganz normale Peter III. auf den Thron kamen. Bemerkenswert ist, daß der Hochadel diese Gelegenheiten wie schon in der Zeit der „Wirren" nicht nutzen konnte, um die Autokratie zu beschränken, obwohl er beim Regierungsantritt der Kaiserin Anna im Jahre 1730 einen Versuch in dieser Richtung unternahm.

Katharina II. 1729 - 1796

An die petrinischen Reformen knüpfte die deutsche Prinzessin Sophie Friederike Auguste von Anhalt-Zerbst an, die als Katharina II. von 1762 bis 1796 über Rußland herrschte. Ihre Regierungszeit war gekennzeichnet durch das Spannungsfeld zwischen den Ideen des Aufgeklärten Absolutismus, zu dem sich die Kaiserin, die mit Voltaire und Diderot korrespondierte, bekannte, und der von Leibeigenschaft und Autokratie geprägten Wirklichkeit Rußlands. So wird Katharina wie Peter in der Forschung ganz unterschiedlich bewertet, von den einen als vernünftige Reformerin, die Rußland den Weg zum Rechtsstaat und zur Entfaltung gesellschaftlicher Kräfte wies, von den anderen als machtgierige Heuchlerin, die vom Wohl des Volkes sprach und dabei die Leibeigenschaft zementierte.

Die Reformen Katharinas hatten zum Ziel, die Effizienz der staatlichen Verwaltung zu erhöhen. Dazu sollten der Adel und die Stadtbevölkerung ständisch organisiert, in Regionalverwaltung und Rechtsprechung eingebunden und damit für den Staat mobilisiert werden. Dem Adel, der schon unter ihrem Vorgänger Peter III. von der Dienstpflicht befreit worden war, wurden erstmals seine Rechte und Privilegien (u.a. das Monopol auf Grundbesitz) garantiert. Seine Stellung wurde dadurch verbessert, doch blieb er de facto weiter eng an den Herrscherdienst gebunden. Der Interessenkoalition mit dem Adel opferte der Staat die Bauern: Im Laufe des 18. Jahrhunderts wurde die Leibeigenschaft endgültig verankert, und die abhängigen Bauern wurden zum persönlichen Eigentum ihrer Herren, die sie ohne Land verkaufen und zu Körperstrafen und Verbannung verurteilen konnten. Die sozialen und politischen Spannungen entluden sich in den Jahren 1773 bis 1775 im großen Volksaufstand unter Führung des Donkosaken Emel'jan Pugačev, der von der Regierung mit Gewalt niedergeschlagen wurde.

Die Stadtreformen erreichten, wie schon unter Peter dem Großen, ihr Ziel nicht, in Rußland ein prosperierendes Bürgertum zu schaffen, sondern die Stadtbevölkerung blieb weiter von den Behörden kontrolliertes Objekt fiskalischer Ausbeutung. Die orthodoxe Kirche, die seit Peters „Geistlichem Reglement" ganz unter staatlicher Kontrolle stand, und die Klöster verloren infolge der Säkularisierung ihrer Güter ihren ökonomischen Rückhalt. Gefördert wurde dagegen seit Peter dem Großen das weltliche Bildungswesen, und es entstanden nach westlichem Vorbild eine Akademie der Wissenschaften (1725), eine erste Universität (1755 in Moskau) und ein Netz städtischer Schulen.

Auch in ihrer Außenpolitik trat Katharina II. in die Fußstapfen Peters des Großen. Ein Krieg gegen das Osmanische Reich brachte die fruchtbaren Steppengebiete nördlich des Schwarzen Meeres mit der Krim, die gemeinsam mit Preußen und Österreich vereinbarten Teilungen Polens den gesamten Ostteil der Adelsrepublik mit vorwiegend ukrainischer, weißrussischer, litauischer und jüdischer Bevölkerung unter die Herrschaft Rußlands.

Unter ihrem Enkel Alexander I. (1801–1825) erzielte Rußland in Reaktion auf Napoleons Hegemoniestreben noch ein letztes Mal Gebietsgewinne in Europa: Finnland und das sogenannte Königreich Polen mit Warschau, die beide weitgehende Autonomie erhielten, sowie Bessarabien. Damit kam die Expansion nach Westen zum Stehen. Rußland hatte sich eine starke Stellung in der europäischen Politik gesichert, in der es unter Nikolaus I. als „Gendarm Europas" für die Erhaltung des Status quo eintrat. Die Expansion richtete sich fortan wieder nach Asien, zunächst nach Transkaukasien, dann in die kasachische Steppe und schließlich in der zweiten Hälfte des 19. Jahrhunderts nach Mittelasien und in den Fernen Osten.

Reformen und Industrialisierung

Im Laufe des 19. Jahrhunderts gewann in Adel und Bürokratie die Einsicht an Boden, daß das sozio-politische System reformiert und die Wirtschaft modernisiert werden müßten. Anlaß dazu gaben die stürmische soziale und wirtschaftliche Entwicklung in Mittel- und Westeuropa, hinter der Rußland immer weiter zurückzubleiben drohte. Reformen und Industrialisierung durften jedoch die Stabilität der bestehenden Ordnung nicht aufs Spiel setzen. Die Politik der Modernisierung erzielte insbesondere seit den 1860er Jahren beachtliche Erfolge, doch mobilisierte sie mittelfristig gerade die destabilisierenden Kräfte, die sie neutralisieren wollte.

Reformansätze hatte schon die Regierung Alexanders I. gebracht, so mit dem Verfassungsentwurf M. Speranskijs und einer Neugestaltung der Zentralverwaltung und des Bildungswesens mit fünf neuen Universitäten. Allerdings wurden die Fundamente der Autokratie und der Leibeigenschaft damit nicht in Frage gestellt. Das galt noch mehr für die Regierungszeit Nikolaus I. (1825–1855). Geschockt vom Putschversuch junger liberaler Offiziere, dem sogenannten Dekabristenaufstand von 1825, und von den Revolutionen von 1830 (mit einem Aufstand in Polen) und 1848 betrieb er eine restaurative Politik, die sich auf Bürokratisierung, Militarisierung und stärkere Kontrolle (u.a. durch die neu eingerichtete Geheimpolizei, die 3. Abteilung) stützte. Doch blieb auch Raum für paternalistische Reformen, etwa für die nichtleibeigenen Krons- und Staatsbauern, und für eine Förderung der Frühindustrialisierung.

Erst als Rußland durch die Niederlage im Krimkrieg (1853–56) aufgerüttelt worden war, kam es unter Alexander II. (1855–81) zu weitergehenden Reformen. Die wichtigste war die Befreiung der leibeigenen Bauern im Jahre 1861. Damit kündigte die Regierung die seit dem Mittelalter bestehende Koalition mit dem Gutsadel auf, die ein Fundament der autokratischen Ordnung bildete. Allerdings konnte der Adel einen beträchtlichen Teil seines Grundbesitzes behalten und erhielt eine Entschädigung für das an die Bauern übergehende Land. Die nun persönlich freien Bauern bekamen dagegen im Durchschnitt kleinere Grundstücke, als sie zuvor bearbeitet hatten, und mußten dafür komplizierte, langfristige Ablösungszahlungen leisten. Als stabilisierendes Element und Kontrollinstanz blieb die Landgemeinde *(mir)* erhalten, an die die Bauern weiter gebunden blieben. Dies stand deren Mobilität und damit der Freisetzung von Arbeitskräften im Wege, ebenso wie die Beibehaltung der periodischen Landumverteilung eine Intensivierung des Ackerbaus behinderte.

Weitere Reformen setzten die schon im 18. Jahrhundert begonnenen Versuche einer kontrollierten Aktivierung der Gesellschaft und der Gewaltenteilung fort. 1864 wurden mit den *Zemstva* (Landschaften) in den zentralen Regionen gewählte Körperschaften geschaffen, die die ländliche Infrastruktur (Sozialfürsorge, Straßen, medizinische Versorgung, Elementarschulen) verbessern sollten. Während in den *Zemstva* der Adel den Ton angab, wurde 1870 erneut die Selbstverwaltung der Städte und ihrer kommerziellen Oberschicht gefördert. Die Justizreform von 1864 führte nach westlichem Vorbild rechtsstaatliche Prinzipien ein, die Militärreform von 1874 die allgemeine Wehrpflicht.

Die von oben erlassenen Reformen stießen fast überall mit den hergekommenen Realitäten zusammen, doch veränderten sie mittelfristig die Gesellschaft. Allerdings brachten sie keine aktive politische Mitwirkung und damit keinen Systemwandel. Dies um so weniger, als nach der Ermordung Alexanders II. durch revolutionäre Terroristen das Pendel wieder stärker in Richtung Systemerhaltung ausschlug und einige Reformen zurückgenommen wurden. Im Rahmen der allgemeinen Reaktion wurden unter Alexander III. (1881–1894) auch antijüdische Gesetze erlassen und die Nationalbewegungen im Westen des Reiches mit russifizierenden Maßnahmen bekämpft.

Kopfsteuer

Die innenpolitische Reaktion war gekoppelt mit einer innovativen, vom Finanzminister Sergej Witte durchgeführten Wirtschaftspolitik. Der Staat gab mit der Förderung des Eisenbahnbaus, des Bankwesens, der Beschaffung von Auslandskapital und einer protektionistischen Außenhandelspolitik der Industrialisierung Rußlands entscheidende Impulse. Bergbau und Schwerindustrie wiesen in den 1890er Jahren die höchsten Zuwachsraten Europas auf. Obwohl davon nicht alle Sektoren und Regionen gleichmäßig erfaßt wurden und Rußland auch zu Beginn des 20. Jahrhunderts noch ein Agrarland blieb, wurden wichtige Schritte zu einem modernen Wirtschaftswachstum getan. Damit einher ging die allmähliche Formierung von Industriearbeitern und Unternehmern.

Reformen und Industrialisierung vollzogen sich im Rahmen der hergebrachten politischen Ordnung. Damit verstärkten sie schon bestehende Widersprüche zwischen gebildeten Eliten und Unterschichten, Stadt und Land, Autokratie und neuer Öffentlichkeit, imperialem Zentrum und nationalen Peripherien.

Die erste Revolution und ihre Folgen

Die ungelösten Fragen, die Verfassungsfrage, die Agrarfrage, die Arbeiterfrage und die nationale Frage, entluden sich in der Revolution von 1905, in der sich die radikale *Intelligenzia*, Arbeiter, Bauern und Nationalitäten gegen die Autokratie erhoben.

Die radikale *Intelligenzia* hatte sich im Laufe des 19. Jahrhunderts als Gegen-Elite zum Staat und seinen Repräsentanten herausgebildet. Wichtige Etappen waren der frühe Sozialismus von A. Herzen und M. Bakunin, der sogenannte Nihilismus N. Černyševskijs und die agrarsozialistischen *Narodniki*. Das spezifisch Russische an diesen revolutionären Ideologien war die Idealisierung der Bauern und ihrer Umteilungsgemeinde, die Rußland den direkten Weg zum Sozialismus, ohne Umweg über den Kapitalismus, ermöglichen sollte. Die Versuche der *Narodniki*, die Bauern über Agitation und dann mit terroristischen Aktionen zum Aufstand zu bewegen, scheiterten jedoch in den siebziger und achtziger Jahren. Ihre Ziele wurden dann von der Sozialrevolutionären Partei wieder aufgenommen.

Gegenspieler der Agrarsozialisten waren die marxistischen Sozialdemokraten, die auf das Industrieproletariat setzten. Sie hielten 1898 ihren ersten (geheimen) Kongreß ab und spalteten sich 1903 in die Fraktionen der *Menschewiki* (unter L. Martov) und *Bolschewiki* (unter V. Ul'janov-Lenin). Die liberale und radikale *Intelligenzia* organisierte sich in den *Zemstva* und zu Beginn des 20. Jahrhunderts in einem „Befreiungsbund". Die gebildeten Eliten der nichtrussischen Völker, die weit über die Hälfte der Gesamtbevölkerung Rußlands stellten, initiierten nationale Bewegungen mit kulturellen, politischen und sozialen Forderungen.

Die Revolution, die im Januar 1905 ausbrach, hatte demzufolge unterschiedliche Träger und Schauplätze. Zu Beginn gingen die wichtigsten Impulse von der radikalen *Intelligenzia* aus, die mit dem „Bund der Bünde" eine Dachorganisation schuf; hier lag die Keimzelle der radikaldemokratischen Partei der Konstitutionellen Demokraten (Kadetten). Anlaß zum Ausbruch der Revolution war eine friedliche Arbeiterdemonstration in St. Petersburg gewesen, die infolge des bewaffneten Eingreifens von Elitetruppen im sogenannten Blutsonntag endete. Es folgten zahlreiche Streiks der Industriearbeiter bis zum auch von den Studenten und der radikalen *Intelligenzia* unterstützten Generalstreik im Herbst. Trotz der neuen Organisationsform der Sowjets (Räte) und dem Versuch eines bewaffneten Aufstandes in Moskau im Dezember war damit der Höhepunkt der Arbeiterbewegung überschritten. Im Gegensatz dazu setzte die Agrarrevolution auf dem Lande verspätet ein und zog sich bis ins Jahr 1906 hin. Ihr wichtigster Ausdruck war die Zerstörung von Gutshöfen und die Inbesitznahme von Adelsland durch die Bauern. In der nichtrussischen Peripherie, vor allem in Polen, den Ostseeprovinzen und Transkaukasien, verbanden sich soziale mit nationalen Parolen zu einem besonders explosiven Gemisch.

Die Zarenautokratie, zusätzlich geschwächt durch die schmachvolle Niederlage im Krieg gegen Japan, befand sich im Herbst 1905 vor dem Kollaps. Es gelang ihr jedoch mit dem Oktobermanifest, das weitgehende Konzessionen machte, die Opposition zu spalten und die gemäßigten Liberalen auf ihre Seite zu ziehen; diese nannten ihre Partei deshalb „Oktobristen". Gleichzeitig ging man mit harten Repressionen gegen die revolutionären Kräfte vor.

Die im April 1906 erlassenen „Reichsgrundgesetze" garantierten erstmals die bürgerlichen Grundrechte und -freiheiten, womit politische Parteien legalisiert und eine politische Öffentlichkeit geschaffen wurde. Die Legislative bestand aus zwei Kammern, dem zur Hälfte aus vom Kaiser ernannten Mitgliedern bestehenden Reichsrat und der Reichsduma, deren Abgeordnete in allgemeinen, aber indirekten und nicht gleichen Wahlen bestimmt wurden. Der Herrscher blieb zuständig für Armee und Außenpolitik; er ernannte die Regierung, berief das Parlament ein; er hatte ein Vetorecht gegen Duma-Beschlüsse und konnte Notverordnungen erlassen. Bis heute ist umstritten, ob damit in Rußland eine konstitutionelle repräsentative Monarchie oder lediglich ein „Scheinkonstitutionalismus" (Max Weber) geschaffen wurde.

Da die ersten beiden Dumen von Vertretern radikaler und sozialistischer Parteien dominiert wurden, war der Konflikt mit der Regierung vorprogrammiert. Sie wurden aufgelöst, und die 3. und 4. Duma (1907–1917) hatten dann auf Grund eines geänderten Wahlrechts eine konservative Zusammensetzung. Die Regierung Stolypin leitete 1906 gegen den Willen der ersten beiden Parlamente eine Agrarreform ein, die die obligatorische Bindung der Bauern an die Dorfgemeinde auflöste. Damit und mit weiteren flankierenden Maßnahmen sollte in Rußland ein staatstragendes Mittelbauerntum geschaffen werden. Die Stolypinschen Reformen zeitigten beachtliche Resultate, doch blieb ihnen bis zum Ersten Weltkrieg sehr wenig Zeit. Der industrielle Boom setzte sich nach einer vorübergehenden Krise fort, und die Alphabetisierung der Bevölkerung schritt rasch voran.

Diese Entwicklungstendenzen liegen einer Interpretation der historischen Entwicklung seit 1905 zugrunde, die Rußland auf dem direkten Weg zur Zivilgesellschaft, zum Industriekapitalismus und zum parlamentarisch-demokratischen Rechtsstaat sieht. Erst der Weltkrieg und der Machthunger und die Utopien der Intelligenz hätten diese Entwicklung abgebrochen. Diesen „Optimisten" stehen „Pessimisten" entgegen, die dem Versuch der Teilmodernisierung Rußlands kaum Zukunftschancen geben. Zu spät und zu oberflächlich seien die alten Strukturen verändert worden. Die sozialen und politischen Widersprüche hätten zu einer Belastung der Stabilität geführt, der die Zarenregierung nicht gewachsen gewesen sei. Während die sowjetische Forschungsmeinung naturgemäß pessimistisch war, hat im heutigen Rußland die optimistische These viele Anhänger gewonnen, die nicht nur Stolypin, sondern sogar den schwachen Zaren Nikolaus II. (1894–1917) idealisieren.

Revolution und Bürgerkrieg (1917–1921)

Nach der Revolution von 1905 wurde der Erste Weltkrieg zu einer noch schwereren Belastungsprobe für das Zarenreich. Die Niederlagen gegen deutsche Truppen brachten Rußland erstmals seit Jahrhunderten bedeutende territoriale Verluste. Die mit dem Krieg verbundene schlechte Lebensmittelversorgung der Städte erhöhte die sozialen Spannungen, und die inkompetente Politik von Zar und Regierung ließ die Autorität des Regimes rapide schwinden. In der letzten Februarwoche, nach dem Gregorianischen Kalender in der zweiten Märzwoche des Jahres 1917 brach in Rußland das Ancien régime fast ohne Gegenwehr zusammen.

Die Februarrevolution war eine spontane Volksbewegung, die in der Hauptstadt Petrograd, wie St. Petersburg seit 1914 hieß, begann und in wenigen Tagen im ganzen Land siegte: Am 2. März 1917 dankte Nikolaus II. ab. Das entstandene Machtvakuum füllten zwei Institutionen, der Petrograder *Sowjet* (Rat) der Arbeiter- und Soldatendeputierten und die aus der letzten Duma hervorgegangene Provisorische Regierung. Die bürgerlichen Grundrechte und die Gleichberechtigung aller Nationen und Religionen wurden proklamiert. Damit war Rußland eine demokratische Republik. Die entscheidenden Probleme, die Agrarfrage, die Arbeiterfrage, die nationale Frage und die Frage nach Krieg oder Frieden wurden indessen aufgeschoben und einer später zu wählenden Verfassunggebenden Versammlung überlassen.

Die Doppelherrschaft von Provisorischer Regierung und Sowjet war instabil und stürzte von einer Krise in die nächste. Zur entscheidenden Triebkraft wurde im Laufe des Jahres 1917 die von Arbeitern und Bauern getragene soziale Revolution. Das Industrieproletariat organisierte sich in Gewerkschaften, Fabrikkomitees und Arbeitermilizen, besetzte Fabriken und forderte die Kontrolle der Arbeiter über die Betriebe. Die Bauern entfesselten im Sommer und Herbst eine spontane Agrarrevolution und brachten viele Güter des Adels gewaltsam in ihren Besitz. Infolge neuer militärischer Niederlagen mehrten sich Meutereien und Desertionen in der Armee. Organisationen der Nationalitäten, so erstmals der Ukrainer, erhoben Forderungen nach politischer Autonomie.

Im Herbst 1917 kulminierte die soziale und politische Krise: Die Stunde der Bolschewiki war gekommen. Ihr Führer Vladimir Lenin (1870–1924) hatte eine kleine, aber straff organisierte Partei von Berufsrevolutionären geschaffen. In seiner Imperialismustheorie hatte er die Möglichkeit einer sozialistischen Revolution im Agrarland Rußland damit begründet, daß Rußland das schwächste Glied in der Kette der kapitalistischen Staaten sei, von dem die Initialzündung für die Weltrevolution ausgehen werde. Als er im April 1917 aus der Emigration nach Petrograd zurückkehrte, verkündete er die Devise „Alle Macht den Sowjets!" und versprach eine radikale Lösung aller drängenden, von der Provisorischen Regierung aufgeschobenen Fragen.

Da die meisten anderen Parteien durch ihre Mitwirkung in der Provisorischen Regierung diskreditiert waren, erlangten die Bolschewiki im Herbst erstmals größeren Anhang und die Mehrheit in den wichtigsten Sowjets. Am 25. Oktober 1917 ergriffen sie in einem von Leo Trotzki (1879–1940) geleiteten militärischen Coup die Macht, ohne daß sie auf nennenswerten Widerstand gestoßen wären. Kurz darauf erließen sie Dekrete über den Frieden, über „Grund und Boden" (womit die entschädigungslose Aufteilung des Landes legalisiert wurde) und über die „Arbeiterkontrolle" sowie die Deklaration der Rechte der Völker Rußlands, die das Selbstbestimmungsrecht bis zur Sezession verkündete. Die Machtfrage lösten sie, indem sie die frei gewählte Verfassunggebende Versammlung, in der die Partei der Sozialrevolutionäre die Mehrheit hatte, am 6. Januar 1918 auseinandertrieben. Nun hatte die bolschewistische Partei die alleinige Macht und konnte daran gehen, die klassenlose und herrschaftsfreie kommunistische Gesellschaft zu errichten. Ob die vorgesehene Übergangsperiode der Diktatur des Proletariats eine Rätedemokratie oder eine Parteidiktatur sein würde, war noch nicht endgültig entschieden.

Zunächst ging es um die Sicherung der Macht. Noch immer war der Krieg im Gange, und deutsche Truppen rückten gegen Petrograd vor. Im „Schmachfrieden" von Brest-Litovsk vom 3. März 1918 und in folgenden Verträgen gingen weite Gebiete im Westen und Süden mit dem Baltikum und der Ukraine verloren. Die meisten nationalen Territorien der Peripherie erklärten ihre Unabhängigkeit. Gleichzeitig ergriffen gegenrevolutionäre russische Kräfte in den Randgebieten die Macht und führten einen von alliierten Interventionstruppen unterstützten Bürgerkrieg gegen die Bolschewiki, die sich auf den russischen Kern des Imperiums zurückgeworfen sahen. Schon im Jahre 1920 hatten die „Roten" jedoch den Bürgerkrieg gegen die politisch heterogenen „Weißen" gewonnen, zum einen dank der Kampfkraft der von Trotzki organisierten disziplinierten Roten Armee und dem Terror der *Čeka*, der neuen politischen Polizei, zum anderen auch durch Konzessionen an Bauern und Nationalitäten, die sie gegenüber den sozialkonservativ und russisch-national gesinnten „Weißen" als das geringere Übel erscheinen ließen.

Im Kontext des Bürgerkriegs gingen die Bolschewiki daran, in Rußland eine sozialistische Wirtschaft aufzubauen. Im „Kriegskommunismus" übernahm der Staat alle wichtigen

Produktions- und Verteilungsfunktionen. Die großen Industriebetriebe wurden verstaatlicht und im Zuge einer „Militarisierung der Arbeit" an die Bedürfnisse des Krieges angepaßt. Die Versorgungsprobleme löste man durch gewaltsame Beschaffung von Getreide und eine Ablieferungspflicht. Die Gesellschaft wurde radikal verändert: Die meisten Mitglieder der alten Eliten kamen ums Leben oder emigrierten ins Ausland, und die Bauernschaft wurde nivelliert, allerdings entgegen den Erwartungen der Bolschewiki im Rahmen der wiederbelebten Dorfgemeinde. Das politische System wurde militarisiert und bürokratisiert, und die Kommunistische Partei setzte sich als entscheidender Machtfaktor gegenüber den Sowjets durch. Nachdem die übrigen Parteien verboten worden waren, wurde im Zeichen des „demokratischen Zentralismus" 1921 auch die Bildung von Fraktionen innerhalb der KP untersagt.

Am Ende des Bürgerkriegs war Rußland völlig am Boden. Die Industrieproduktion betrug einen Bruchteil des Vorkriegsniveaus, die Landwirtschaft war zerrüttet, und eine Hungersnot kündigte sich an, die im Winter 1921/22 ihren Höhepunkt erreichte. Widerstandsbewegungen der Bauern und der Matrosen (im Kronstädter Aufstand) gefährdeten die Existenz der neuen Ordnung. Dies zwang die Führung zum Rückzug, und Lenin setzte am X. Parteitag von 1921 die Einführung der „Neuen Ökonomischen Politik" durch.

Sowjetunion (1922–1991)

Der neue Staat, der nach den basisdemokratischen Räten benannt war, in Wirklichkeit aber von der Kommunistischen Partei gelenkt wurde, organisierte sich formal als Föderation. Die Territorien des Zarenreiches (mit Ausnahme Polens, Finnlands, des Baltikums, Bessarabiens und westlicher Gebiete der Ukraine und Weißrußlands) waren zurückgewonnen worden und wurden Ende 1922 zur Union der Sozialistischen Sowjetrepubliken (UdSSR) zusammengefaßt. Aus zunächst vier wurden bis 1936 elf und nach dem Zweiten Weltkrieg 15 Unionsrepubliken. Während die politischen Entscheidungen in der neuen Hauptstadt Moskau fielen, erhielten die nationalen Gebietseinheiten in den zwanziger Jahren die Möglichkeit kultureller Entfaltung. Auch der Aufstieg einheimischer Kader wurde gezielt gefördert. Obwohl die meisten Konzessionen in den folgenden Jahrzehnten zurückgenommen wurden, blieb die föderative Struktur als Rahmen wichtig; dies sollte sich beim Zerfall der UdSSR zeigen.

Die Atempause der Neuen Ökonomischen Politik

Dieser flexiblen Nationalitätenpolitik entsprach die „Neue Ökonomische Politik" (NÖP), die in den zwanziger Jahren in Landwirtschaft, Kleinindustrie und Kleinhandel Privatbesitz und Marktwirtschaft wieder zuließ. Die NÖP erreichte ihre Ziele, den raschen Wiederaufbau der Wirtschaft und eine Aussöhnung der Bauern mit der Sowjetmacht. Allerdings erwies sich die zentral geleitete und gleichzeitig über den Markt regulierte Wirtschaft bald als krisenanfällig und, besonders in den Wechselbeziehungen zwischen Industrie und Landwirtschaft, als schwer steuerbar.

Die allgemeine Lockerung, die auch Kultur und Wissenschaft einbezog, erfaßte nicht das Herrschaftssystem. Das Machtmonopol der Partei und die politische Kontrolle wurden im Gegenteil verschärft. Der Parteiapparat wurde vom Generalsekretär Josef Stalin (1879–1953) ausgebaut, der sich damit eine Machtbasis schuf. Im Laufe der zwanziger Jahre wurden zahlreiche neue Mitglieder in die Partei aufgenommen, wodurch sich ihre soziale Zusammensetzung stark veränderte. Lenins Krankheit und sein Tod im Jahre 1924 lösten Machtkämpfe aus, aus denen Stalin nach der Ausschaltung Trotzkis, Zinov'evs und Kamenevs als Sieger hervorging.

Als deutlich war, daß sich die Hoffnungen auf eine Weltrevolution nicht so bald erfüllen würden, entschied sich Stalin, den „Sozialismus in einem Land" aufzubauen. Daß die Sowjetunion industrialisiert werden mußte, um nachträglich die Basis für den Sozialismus zu schaffen, war unumstritten, doch setzten die meisten Pläne dafür eine lange Frist an. In den Jahren 1927 bis 1929 eintretende Krisen der Getreideversorgung dienten Stalin zum Anlaß, die NÖP abzubrechen und mit forcierter Industrialisierung und Kollektivierung der Landwirtschaft den sofortigen beschleunigten Durchbruch zum Sozialismus zu erzwingen.

Stalins Revolution von oben

Stalins „Revolution von oben" veränderte die wirtschaftliche, soziale und politische Struktur der Sowjetunion grundlegend. Die im 1. und 2. Fünfjahresplan (1929–32, 1933–37) dekretierte forcierte Industrialisierung erreichte quantitativ eindrückliche Erfolge. Die Sowjetunion überholte im Volumen der Produktion die westeuropäischen Industriestaaten und belegte am Ende der dreißiger Jahre hinter den USA den zweiten Platz. Dies wurde durch den massiven Einsatz und die Disziplinierung von Arbeitskräften, die Verschwendung von Ressourcen und erzwungenen Konsumverzicht der Bevölkerung erreicht. Allerdings blieb die Produktivität niedrig, und die Konsumgüterindustrie und Infrastruktur entwickelten sich viel langsamer als die Schwer- und Rüstungsindustrie. Um Kader für den Aufbau des Sozialismus zu schaffen, wurde das Bildungswesen quantitativ wesentlich ausgebaut. Die dreißiger Jahre brachten eine gewaltige Steigerung der sozialen Mobilität und der Urbanisierung. Die Sowjetunion wurde aus einem Agrar- in einen Industriestaat verwandelt.

Parallel zur Industrialisierung vollzog sich die Zwangskollektivierung der Landwirtschaft, die in wenigen Jahren die Bauern in Kollektivwirtschaften (Kolchosen und Sowchosen) eingliederte und den Privatbesitz an Grund und Boden abschaffte. Diese Politik wurde gegen massiven Widerstand der Bauern mit großer Brutalität durchgesetzt, wobei die von Stalin befohlene „Liquidierung des Kulakentums als Klasse" und die gewaltsame Seßhaftmachung der nomadischen Kasachen und Kirgisen Hunderttausende von Opfern forderten. Das Resultat war eine völlige Zerrüttung der Landwirtschaft, was erneut Zwangsrequirierungen notwendig machte, um die Versorgung der Städte und den Getreideexport zu sichern. Die Folge dieser rücksichtslosen Politik war eine schreckliche Hungersnot, die in den Jahren 1932/33 weit über fünf Millionen Opfer, die Mehrheit davon in der Ukraine, forderte. Die Zwangskollektivierung endete in einem wirtschaftlichen Fiasko, doch bekam der Staat damit die bäuerliche Bevölkerungsmehrheit unter direkte Kontrolle.

Die Entwicklung des sowjetischen Herrschaftssystems verlief weiter in Richtung Zentralisierung, Bürokratisierung und Hierarchisierung, hin zu einer faktischen Alleinherrschaft des Diktators Stalin. Ein zentrales Element des Stalinismus war der Massenterror, der die Bevölkerung einschüchterte und willkommene Sündenböcke schuf. Ihm fielen in den „Großen Säuberungen" der dreißiger Jahre die alte Garde der Bolschewiki und anderer Parteien, die Spitzen der Armee, Bürokratie und politischen Polizei, die gesamte Elite der nichtrussischen Nationen und zahlreiche Vertreter der russischen geistigen Elite zum Opfer. Millionen von Unschuldigen wurden in die Zwangsarbeitslager Sibiriens und des Hohen Nordens deportiert, wo viele an den unmenschlichen Lebensbedingungen starben.

Stalin gelang es jedoch, die Mehrheit der Bevölkerung nicht nur durch Terror, sondern auch durch neue Ideologien zu mobilisieren und zu integrieren. Die Idee des sozialistischen Aufbaus vermochte vor allem junge Leute zu begeistern. Der proletarische Internationalismus wurde durch den Sowjetpatriotismus ersetzt, der russisch-nationale und populistische Ideen wiederaufnahm, auch im von oben dekretierten Sozialistischen Realismus in der Kultur. Dazu kam der Stalinkult, der an den Zarenmythos und den Leninkult anknüpfte. Während in den zwanziger Jahren noch eine Vielfalt von Ideen geduldet worden war, wurde nun die öffentliche Meinung über die manipulierten Massenmedien gleichgeschaltet.

Bis heute wird darüber debattiert, ob der Stalinismus ein legitimes Kind oder ein deformierter Bastard des Marxismus und Leninismus gewesen sei. Eine Antwort wird einerseits die Voraussetzungen zu berücksichtigen haben, die Marx mit seiner revolutionären Utopie und Lenin mit seiner Intoleranz, seiner undemokratischen Parteiorganisation und seiner in Kriegskommunismus und Četa-Terror gezeigten Bereitschaft zur rücksichtslosen Anwendung von Gewalt schufen. Andererseits wird man auch die Persönlichkeit Stalins, die gesellschaftliche Entwicklung der Sowjetunion und die konkreten Ereignisse der späten zwanziger Jahre, die man als Kettenreaktion überstürzter Notmaßnahmen, als Flucht nach vorn, beschrieben hat, in Rechnung ziehen müssen. Eine gelegentlich postulierte Zwangsläufigkeit der Entwicklung vom Marxismus über den Leninismus zum Stalinismus hat es meines Erachtens nicht gegeben.

Trotz der Säuberungen in Armee und politischer Führung bestand die stalinistische Sowjetunion die Bewährungsprobe des Zweiten Weltkriegs. Dieser hatte 1939 begonnen mit dem überraschenden Bündnis der Sowjetunion mit dem nationalsozialistischen Deutschland, das ihr die Wiedergewinnung der meisten nach der Revolution verlorenen Gebiete des Zarenreiches (mit Ausnahme Finnlands und Zentralpolens) und zusätzlich der West-Ukraine ermöglichte. Der 1941 folgende deutsche Überfall und Hitlers rassenideologischer Vernichtungskrieg gegen Juden und Slaven mobilisierten dann enorme Widerstandskräfte, und der unter gewaltigen Opfern errungene Sieg im „Großen Vaterländischen Krieg" trug wesentlich zur Legitimierung des Sowjetsystems und zur Integration der Gesellschaft bei.

Stalin stand 1945 auf dem Gipfel seiner Macht. Die Sowjetunion konnte nicht nur ihre Territorialgewinne von 1939/40 sichern und durch das nördliche Ostpreußen, die Karpato-Ukraine und Tannu-Tuva erweitern, sondern gewann die Herrschaft über das östliche Mitteleuropa, weite Teile Südosteuropas und das östliche Deutschland, die in den folgenden Jahren sowjetisiert wurden. Damit war sie neben den USA zur zweiten Weltmacht geworden und schien ihre Stellung mit dem 1949 folgenden Sieg der Kommunisten in China weiter auszubauen. Im Inneren hatte nach 1945 der Wiederaufbau der zerstörten Wirtschaft Priorität. Gleichzeitig verhärtete sich der während des Zweiten Weltkriegs etwas gelockerte politische Kurs erneut, und der Kalte Krieg beendete die vorübergehende Allianz mit den Westmächten.

Entstalinisierung und Stagnation

Auf den Tod Stalins im März 1953 folgte ein Machtkampf seiner Erben, aus dem Nikita Chruščev (1894–1971) als Sieger hervorging. Er rechnete am XX. Parteitag von 1956 mit den Auswüchsen des als Personenkult umschriebenen Stalinismus ab, allerdings ohne die Grundlagen des von Lenin und Stalin geschaffenen sozio-politischen Systems in Frage zu stellen. So blieb das Machtmonopol der Partei erhalten, und ihre Stellung wurde gegenüber der Stalinzeit sogar gestärkt. Dennoch brachte die Chruščev-Zeit bedeutende Veränderungen. Der Massenterror fand ein Ende, und Millionen politischer Häftlinge wurden entlassen. Landwirtschaft und Konsumgüterindustrie wurden gefördert, was zusammen mit sozialpolitischen Maßnahmen den Lebensstandard der Bevölkerung spürbar ansteigen ließ. Mehrere „Tauwetter" einer flexibleren Kulturpolitik lösten die dogmatische Erstarrung des Spätstalinismus. Außenpolitisch propagierte Chruščev statt der kompromißlosen Konfrontation der Systeme die friedliche Koexistenz mit der kapitalistischen Welt.

Diese zwar nicht konsequente, aber doch deutliche Abwendung vom Stalinismus führte zu neuen Problemen. So diente der Ausgleich mit den Westmächten China zum Anlaß, aus dem sowjetischen Lager auszuscheren. Die Entstalinisierung weckte bei den europäischen Satellitenstaaten Hoffnungen, die in Ostberlin (1953), Ungarn (1956) und 1968 in der Tschechoslowakei von sowjetischen Panzern zunichte gemacht wurden. Auch innerhalb der Sowjetunion wurden die Voraussetzungen für Oppositionsbewegungen geschaffen, die in der zweiten Hälfte der sechziger Jahre an Bedeutung gewannen. An ihrer Spitze stand die Menschenrechtsbewegung, die mit den Namen Andrej Sacharov und Alexander Solženicyn verknüpft ist, und einige nationale Bewegungen, so der Krimtataren und Litauer. Seine sprunghaften Wirtschafts- und

Verwaltungsreformen, seine utopischen Versprechungen, seine Unberechenbarkeit und seine außenpolitischen Mißerfolge, so 1962 in der Kuba-Krise, trugen wesentlich zum Sturz Chruščevs im Jahre 1964 bei.

Seine Nachfolger, die eine kollektive Führung unter dem Generalsekretär Leonid Brežnev (1906–1982) bildeten, wandten sich von der Sprunghaftigkeit Chruščevs ab und setzten die Priorität auf Stabilität und Sicherung der Machtstellung des Parteiapparats und der politischen Elite, der Nomenklatura. Innenpolitisch veränderte sich deshalb wenig, auch wenn die siebziger Jahre eine gewisse Verhärtung brachten, sichtbar in scharfen Repressionen gegen oppositionelle Gruppen. Die Erstarrung des politischen Systems und seiner hierarchisierten Bürokratie zeigte sich äußerlich in einer zunehmenden Überalterung der Führung. Außenpolitisch brachten die siebziger Jahre zunächst eine Entspannung mit den USA und der Bundesrepublik Deutschland, doch verschlechterte sich das Klima später wieder, nicht zuletzt wegen der bewaffneten Intervention der Sowjetunion in Afghanistan Ende 1979. Im folgenden Jahr forderte die Volksbewegung in Polen die Sowjetunion heraus.

Der Immobilismus der Führung fand seine Entsprechung in einem Absinken und Stagnieren des wirtschaftlichen Wachstums und der Aushöhlung der Integrationskraft der kommunistischen Ideologie. Andererseits hatten der wirtschaftliche Aufschwung der vorangegangenen Periode, der weitere Ausbau des Bildungswesens, der eine breite Schicht neuer Eliten in Zentrum und Peripherie schuf, die periodischen Lockerungen der Kulturpolitik und die zunehmenden Kontakte mit dem Westen Erwartungen geweckt, die das versteinerte Herrschaftssystem mit seiner vergreisten Führung nicht erfüllen konnte.

Gorbačevs Perestrojka und die Auflösung der Sowjetunion

Nach dem Tod Brežnevs 1982 und den Zwischenspielen unter Andropov und Černenko wurde im Jahre 1985 Michail Gorbačev (geb. 1931) zum Generalsekretär der KPdSU gewählt. Er sorgte zunächst für eine umfassende personelle Erneuerung des

Parteiapparats und organisierte Kampagnen gegen Alkoholismus und Korruption. Bald trat er mit einem Modernisierungsprogramm hervor, das fast alle Lebensbereiche betraf und unter dem Schlagwort *Perestrojka* (Umbau) propagiert wurde. Die Reformpolitik Gorbačevs, der die Grundlagen des Sowjetkommunismus erhalten wollte, mobilisierte Kräfte, die in wenigen Jahren zum Zusammenbruch des Sowjetsystems führten.

Priorität hatte für Gorbačev die Reform der Wirtschaft. Er versuchte, mehr Eigenverantwortung in die Betriebe zu verlagern, Marktbeziehungen und Konkurrenz zu fördern, ohne sich allerdings von der sozialistischen Planwirtschaft loszusagen. Damit wurden die Grundlagen der bestehenden Wirtschaftsordnung allmählich zerstört, ohne daß neue Fundamente geschaffen worden wären.

Eine Liberalisierung der Medien und der öffentlichen Diskussion unter dem Schlagwort *Glasnost'* (Transparenz) führte zu einer heftigen Geschichtsdiskussion, die erst den Stalinismus betraf, aber schon bald auf Lenin und die Oktoberrevolution übergriff und damit das Fundament des Sowjetsystems und seiner Legitimationsideologie in Frage stellte. Folgerichtig wurde im Jahre 1990 die Führungsrolle der Kommunistischen Partei abgeschafft, nachdem Wahlen zum ersten freien sowjetischen Parlament, dem Volksdeputiertenkongreß, schon 1989 politischen Pluralismus ermöglicht hatten.

Außenpolitisch überwand Gorbačev die Isolation der Sowjetunion, indem er erfolgreich Abrüstungsverhandlungen mit den USA führte und 1988 den Afghanistankrieg beendete. Von inneren Problemen in Anspruch genommen, ließ die Sowjetunion seit 1989 die Auflösung des sozialistischen Lagers und die Vereinigung der DDR mit der Bundesrepublik Deutschland zu.

Doch nicht nur der Ostblock, auch die Sowjetunion begann auseinanderzufallen. Zwischen 1988 und 1990 erklärten sich alle Unionsrepubliken für souverän, und in der Folge deklarierten Litauen und Georgien ihre Unabhängigkeit. Der Versuch Gorbačevs, die Sowjetunion durch einen Unionsvertrag zu retten, wurde durch den Putschversuch hochrangiger konservativer Kommunisten im August 1991 unterbrochen. Sein Scheitern beschleunigte dann den Zerfallsprozeß noch. Nach einem eindeutigen Votum der Bevölkerung der Ukraine für die Unabhängigkeit ihrer Republik wurde die Sowjetunion im Dezember 1991 aufgelöst, und der 1990 zum Staatspräsidenten gewählte Gorbačev trat zurück.

Rußländische Föderation (ab 1991)

An der Desintegration der Sowjetunion beteiligte sich auch Rußland, das sich erstmals in seiner Geschichte aktiv vom imperialen Zentrum löste. Dies hing zusammen mit der persönlichen Auseinandersetzung zwischen Gorbačev und Boris El'cin (geb. 1931), dem ehemaligen Parteichef von Moskau und Mitstreiter der Perestrojka. El'cin profilierte sich als radikaler Reformer und fand 1989 ein neues Wirkungsfeld in der Rußländischen Föderativen Sowjetrepublik, zu deren Präsidenten er im Juni 1991 gewählt wurde. Während des Augustputsches trat El'cin als mutiger Verteidiger der Demokratie hervor, und in der Folge beteiligte er sich aktiv an der Auflösung der Sowjetunion und ihrer Ablösung durch die Gemeinschaft Unabhängiger Staaten (G.U.S.). Allerdings erklärte Rußland im Gegensatz zu den anderen Republiken nicht seine Unabhängigkeit, sondern übernahm Ende 1991 die wichtigsten Institutionen der UdSSR (Armee, Geheimdienst, Ministerien) und erhob Anspruch auf deren Rechtsnachfolge.

Seit dem Ende der Sowjetunion existiert ein unabhängiges Rußland. Seine Grenzen entsprechen ungefähr denen des Moskauer Reiches in der Mitte des 17. Jahrhunderts mit Ausnahme der später erworbenen Gebiete im Nordkaukasus, im Fernen Osten und in Ostpreußen. Der neue Staat umfaßt damit drei Viertel des Territoriums und die Hälfte der Bevölkerung der Sowjetunion. Er ist zu über 80 Prozent von Russen bewohnt, doch, wie seine offizielle Bezeichnung „Rußländische Föderation. Rußland" zeigt, kein Nationalstaat der Russen, sondern wiederum ein Vielvölkerreich mit 21 nationalen Republiken.

El'cin schritt zunächst auf dem Weg der Reformen voran und förderte die wirtschaftliche und politische Liberalisierung. Die Schocktherapie der Regierung Gajdar verstärkte allerdings die sozialen Spannungen erheblich, ohne den wirtschaftlichen Niedergang stoppen zu können. Schon bald kam es zu Auseinandersetzungen von Präsident und Regierung mit dem noch zu Sowjetzeiten gewählten, mehrheitlich konservativen Parlament. Der Konflikt kulminierte im Herbst 1993 in einem Staatsstreich El'cins, der den Obersten Sowjet auflöste und mit Waffengewalt auseinandertrieb. El'cin entfernte sich nun allmählich vom Reformkurs, schlug autoritärere Töne an und orientierte seine Innen- und Außenpolitik stärker an Populismus und Nationalismus. Der Druck auf die postsowjetischen Staaten der G.U.S., sich wieder enger an Rußland anzuschließen, nahm zu. Die letzten Jahre der Ära El'cin waren zunehmend von Finanzskandalen und Intrigen der sogenannten Oligarchen geprägt, und der Reformprozeß trat hinter das Ziel der Machterhaltung zurück. Eine schwere Finanzkrise stellte im Sommer 1998 sogar die sich anbahnende wirtschaftliche Stabilisierung vorübergehend in Frage.

Gleichzeitig stellte sich das Problem des Zusammenhalts der Rußländischen Föderation. Einige Republiken wie Tatarstan, Tyva (Tuva) und Sacha (Jakutien) strebten weitgehende Autonomie und den direkten Zugriff auf ihre wirtschaftlichen Ressourcen an. Die meisten Konflikte konnten mit bilateralen Verträgen geregelt werden. Nur mit Tschetschenien, das sich schon im Herbst 1991 für unabhängig erklärt hatte, wurde kein Ausgleich erreicht. Im Dezember 1994 marschierte die rußländische Armee in Tschetschenien ein, und es begann ein blutiger Krieg, der im Sommer 1996 mit dem Rückzug der Truppen Rußlands und einer (allerdings befristeten) de-facto-Anerkennung der tschetschenischen Unabhängigkeit durch Moskau vorläufig endete. Bombenattentate in russischen Städten dienten im Herbst 1999 zum Anlaß, den Krieg gegen die Tschetschenen wiederaufzunehmen. Die rußländischen Truppen verheerten das gesamte Land, töteten viele Menschen und trieben eine noch größere Zahl in die Flucht. Von tschetschenischen Terroristen verübte blutige Anschläge in Moskau und im Kaukasus und die brutale Besatzungspolitik Rußlands führten immer wieder zu einer Eskalation des Konflikts, dessen Lösung auch nach mehr als dreizehn Jahren Krieg nicht in Sicht ist.

Im Schatten des zweiten Tschetschenienkrieges vollzog sich eine politische Neuorientierung. Wladimir Putin (geb. 1952), der im Geheimdienst Karriere gemacht hatte und im August 1999 Ministerpräsident wurde, profilierte sich als entschlossener Befürworter des Krieges. In den Duma-Wahlen vom Dezember 1999 konnten regierungsnahe Parteien einen überraschenden Erfolg erzielen und die bisherige „linke" Parlamentsmehrheit eindämmen. Am 31. Dezember 1999 trat El'cin zurück und machte den Weg frei für Putin, der im März 2000 im ersten Wahlgang zum zweiten Präsidenten Rußlands gewählt wurde. Die Parlamentswahlen vom Dezember 2003 brachten der regierungsnahen Partei „Einiges Rußland" einen überwältigenden Erfolg, und im März 2004 bestätigten mehr als 70 Prozent der Wählenden Putin als Präsidenten. Dieser schlug einen autoritären Kurs der „gelenkten Demokratie" ein, der unter anderem in einer Rezentralisierung der Föderation, in Einschränkungen der Medienfreiheit, der Unterdrückung politischer Opposition und im Prozeß gegen den Erdöl-„Oligarchen" Michail Chodorkovskij zutage trat. Rußland schlug auch außenpolitisch einen schärferen Kurs ein sowohl gegenüber der NATO wie gegenüber den ehemaligen Sowjetrepubliken Georgien und Ukraine, die wirtschaftlich und politisch unter Druck gesetzt wurden. Gleichzeitig erlebte Rußland nach zehn Jahren tiefgreifender Umbrüche und Krisen in den ersten Jahren des 21. Jahrhunderts eine gewisse politische und wirtschaftliche Stabilisierung. Nachdem die zweite Amtszeit Putins abgelaufen war, wurde am 2. März 2008 der von Putin zum Nachfolger bestimmte Dmitrij Medved'ev zum dritten Präsidenten der Rußländischen Föderation gewählt.

III. Problemfelder

Mächtiger Staat und passive Gesellschaft

> Er übertrifft alle Könige und Fürsten mit der Gewalt, die er über die Seinen hat und gebraucht ... Es ist unklar, ob ein solch wildes Volk eine so tyrannische Herrschaft haben muß, oder ob die tyrannische Herrschaft es so wild und grausam macht.
>
> Sigismund von Herberstein (1549)

In seiner vielzitierten Äußerung charakterisiert der österreichische Diplomat, der Moskau 1517 und 1526 besucht hatte, den Großfürsten und das Herrschaftssystem Rußlands als tyrannisch und hebt sie von den ihm bekannten europäischen Staatsordnungen ab. Gleichzeitig fragt er polemisch nach dem Wechselverhältnis von Herrschaftssystem und Gesellschaft in Rußland. Das von ihm konstatierte Übergewicht des Staates über die Gesellschaft gilt seit langem als ein Grundmotiv russischer Geschichte.

Die Autokratie und ihre Wurzeln

Die von Herberstein beschriebene Moskauer Autokratie (Selbstherrschaft) unterschied sich von den damaligen Herrschaftsformen Mittel- und Westeuropas durch eine erheblich größere Machtfülle des Monarchen und einen höheren Grad an Zentralisierung. Man kann sie definieren als prinzipiell unbeschränkte, religiös begründete Alleinherrschaft des Zaren, der in sich alle Funktionen des Gesetzgebers, des Richters und der Exekutive vereinigt, an keinerlei Rechtsnormen gebunden ist und auf keine Institutionen wie Ständeversammlungen Rücksicht nehmen muß, sondern allein Gott verantwortlich ist. Ein Tyrann war er allerdings nicht, denn seine Herrschaft wurde vom göttlichen Recht, von der dynastischen Erbfolge und von der Tradition *(starina)* begrenzt. In der Praxis regieren die russischen Herrscher meist im Einklang mit anderen Gruppen, vor allem mit den alten Adelsgeschlechtern. Dennoch stellt das Fehlen einer institutionell und rechtlich verankerten Beschränkung der Herrschermacht eine wichtige Grundlage des politischen Systems Rußlands dar.

Die historischen Wurzeln der russischen Autokratie liegen zum einen, wie der Begriff, im Oströmischen Reich. Das Ideal des unumschränkten Autokrators von Gottes Gnaden wurde von der orthodoxen Kirche tradiert und legitimiert. Doch traten die Moskauer Zaren nicht bewußt die Nachfolge des 1453 untergegangenen Byzantinischen Reiches an, wie dies die Heirat Ivans III. mit der Nichte des letzten byzantinischen Kaisers im Jahre 1472 vermuten ließe. Die in dieser Zeit von einem Pskover Mönch in religiösem Kontext geäußerte Idee von „Moskau, dem Dritten Rom" wurde vom Staat nicht aufgenommen. Auch der tatarische Khan kam als direktes Vorbild nicht in Frage; dennoch wirkte das despotische und zentralistische Herrschaftssystem der Goldenen Horde auf die entstehende Moskauer Autokratie ein. Der tatarische Khan und der byzantinische Basileus waren die einzigen Herrscher, die im mittelalterlichen Rußland als Zaren bezeichnet wurden.

Wichtiger als die äußeren waren indessen die inneren Wurzeln der Autokratie. Seit langem hat die Forschung auf das Prinzip der patrimonialen Verfügungsgewalt hingewiesen, die der Moskauer Fürst über seine erbliche Grundherrschaft *(votčina)* ausübte und die er dann auf das ständig wachsende Reich übertrug. Das Moskauer Reich blieb in den Augen der Herrscher ihr Erbgut. Politische Herrschaft wurde als Erweiterung von Eigentumsrechten über Land und Leute aufgefaßt, so daß es in Rußland lange keine Trennung von Privateigentum und öffentlicher Sphäre gab wie im stärker vom Römischen Recht geprägten Westen. Der russische Historiker Vasilij Ključevskij hat zudem betont, daß die Fürsten der Nordost-Rus' ihre Herrschaft in einem Kolonialgebiet errichteten, wo sie keinen hergebrachten Beschränkungen unterlagen. So läßt sich hier im Gegensatz zu Kiev und Novgorod auch die Volksversammlung *(veče)* nicht nachweisen.

Schwache Gegenkräfte

Aus der historischen Entwicklung erklärt sich auch, daß Adel und Kirche als politische Gegenkräfte schwach blieben. Der hohe Adel hatte zwar eine wichtige beratende Funktion in der Bojarenduma. Die traditionelle räumliche Mobilität der Oberschicht, ihre ständige Erweiterung durch neue Gruppen und ihre wirtschaftliche Abhängigkeit vom Fürsten verhinderten aber die Entstehung einer adligen Standessolidarität. Im Vergleich zum Adel in Mittel- und Westeuropa fehlten in der Rus' Lehenswesen, intermediäre Gewalten und eine regionale Verwurzelung. Die Atomisierung des Adels wurde von den Großfürsten durch Umsiedlungen, Vergabe von Gütern und die Rangplatzordnung *(mestničestvo)* bewußt gefördert. So wurde der russische Adel kein korporativ organisierter Stand, sondern blieb zersplittert in Clans und Klientelgruppen, die jeweils direkt an den Herrscher gebunden waren und ihm dienten.

Der Herrscherdienst brachte den Adligen Vorteile in Form von Grundbesitz und Privilegien. Die Unterordnung des russischen Adels unter den Herrscher hatte deshalb, wie Hartmut Rüß betont, weitgehend den Charakter freiwilliger Gefolgschaft. Beide Seiten waren aufeinander angewiesen und profitierten von dieser Interessengemeinschaft. Auch nichtrussische Eliten neu eingegliederter Randgebiete wurden so bis ins 19. Jahrhundert erfolgreich in den Adel des Reiches kooptiert. Die Kirche konnte sich ebenfalls nicht als politische Gegenkraft des Herrschers profilieren wie im Westen. Schon das byzantinische Erbe setzte die Harmonie zwischen Kaiser und Kirche, das bedeutete in der Praxis die politische Unterordnung der Kirche, voraus. Der Moskauer Kirche fehlte nach dem Fall Konstantinopels ein Rückhalt, wie ihn die katholische Kirche im Papsttum hatte. Doch erfüllte die orthodoxe Kirche die wichtige Aufgabe der Legitimierung der Herrschermacht. Der Herrscher war auf sie angewiesen und verlieh ihr Grundbesitz und Privilegien.

Modifikationen des Herrschaftssystems bis 1917

Im 16. Jahrhundert war die zentralistische Autokratie in Rußland bereits dermaßen gefestigt, daß der Adel auch in der Zeit der „Wirren" und in den Nachfolgekrisen des 18. Jahrhunderts keine Beschränkungen der Herrschermacht mehr durchsetzen konnte. Die Grundprinzipien der Autokratie blieben bis ins frühe 20. Jahrhundert erhalten. Die um ihre eigene Position besorgten Machteliten schreckten vor einer durchgreifenden Reform des politischen Systems zurück. Dafür wurden die Herrschaftsinstrumente Bürokratie, Armee und Polizei (mit einer politischen Polizei) sukzessive ausgebaut und neuen Anforderungen angepaßt (gewisse Partizipation des regionalen Adels, Autonomie für Randgebiete, Ansätze zu Gewaltenteilung und Rechtsstaat).

Dennoch blieb das zentralisierte Zarenreich auch im 19. Jahrhundert im Vergleich mit anderen europäischen Staaten „unterverwaltet". Zu locker war das Behördennetz, zu gering die finanziellen und personellen Ressourcen, um das riesige Territorium administrativ zu durchdringen. Längst nicht alle Erlasse des Zentrums konnten durchgesetzt werden, und besonders in peripheren Gebieten, etwa in Sibirien, konnte sich die Bevölkerung einen Freiraum erhalten. Der Staat blieb angewiesen auf die Selbstverwaltungsorgane der Bauerngemeinde und die Mitwirkung des Adels, der in der Leibeigenschaftsordnung staatliche Hoheitsrechte ausübte. Die Thesen der „staatsbedingten Gesellschaft" (Hans-Joachim Torke) und der „Gesellschaft als staatlicher Veranstaltung" (Dietrich Geyer) müssen deshalb modifiziert werden. Die Interpretation der russischen Geschichte kann nicht allein von der Staatsspitze her ausgehen, sondern muß stärker als bisher regionale und lokale Kräfte und Ausweichstrategien der Unterschichten in Rechnung ziehen. Völlig passiv war die russische Gesellschaft also nicht.

Die Autokratie stützte sich auf Bürokratie, Armee und Kirche, und besonders die hohen Beamten wirkten wesentlich an politischen Entscheidungen mit. Einzelne Staatsmänner, wie

Menšikov und Ostermann im 18., Witte und Stolypin im frühen 20. Jahrhundert, spielten eine hervorragende Rolle. Doch blieb es bei einer informellen Beteiligung an der Herrschaft, die auf Patronage-Klientel-Beziehungen und nicht auf Institutionen basierte. In den Reformen der 1860er Jahre delegierte die Autokratie erstmals gewisse Aufgaben an ländliche und städtische Selbstverwaltungsorgane und Justizbehörden und machte damit einen Schritt zur Gewaltenteilung. Trotz aller Modifikationen war das Zarenreich indessen an der Schwelle zum 20. Jahrhundert noch immer ein Staat ohne Verfassung, ohne Parlament, ohne (legale) Parteien und ohne Garantie der bürgerlichen Grundrechte.

Erst die Reichsgrundgesetze von 1906 brachten eine Beschränkung der Autokratie und schufen (von der Regierung allerdings bald wieder verschlechterte) Rahmenbedingungen für eine politische Partizipation in der Duma und eine allmähliche Entfaltung einer politischen Öffentlichkeit und einer Zivilgesellschaft. Ein bedeutender Teil der oppositionellen *Intelligenzia* formierte sich jedoch als Gegen-Elite, strebte keine Reform des bestehenden Systems und keine politische Partizipation, sondern den revolutionären Umsturz und die Errichtung einer sozialistischen Gesellschaft an. Das Ziel der Revolution wurde 1917 erreicht, doch führte sie zu keiner herrschaftsfreien Gesellschaft, sondern zu einer neuen Diktatur.

Diskontinuitäten und Kontinuitäten im Sowjetsystem

Inwiefern stand das sowjetische Herrschaftssystem in der Tradition der zarischen Autokratie?

Zunächst fallen fundamentale Unterschiede ins Auge:
– Eine neue, vom Westen übernommene und an die Verhältnisse Rußlands angepaßte utopische Ideologie;
– die neue Organisationsform der Leninschen Partei als Avantgarde des Proletariats;
– neue, aus *Intelligenzia* und Industrieproletariat rekrutierte politische Eliten;

- eine neue staatliche Struktur auf der Basis des Rätegedankens, der Gewaltenteilung und des Föderalismus, die infolge der Dominanz der Partei allerdings weitgehend formal blieb;
- qualitativ neue Methoden der Herrschaftsausübung und Unterdrückung, die im Stalinschen Massenterror gipfelten.

Auf der anderen Seite sind eine ganze Reihe von Übereinstimmungen nicht zu übersehen, die mindestens zum Teil auf Kontinuitäten zwischen zarischer und sowjetischer Ordnung verweisen:
- das Machtmonopol des Herrschaftsträgers, jetzt der Kommunistischen Partei, das weder Gewaltenteilung noch Rechtsstaat zuläßt;
- der jetzt durch die Kommunistische Partei und die sowjetische Bürokratie verkörperte Zentralismus des Herrschaftssystems, der dem staatlichen Föderalismus übergeordnet ist;
- die Bedeutung informeller Patronagebeziehungen, etwa der politischen Seilschaften einzelner Parteiführer;
- die Personalisierung der Herrschaft, extrem in der Diktatur Stalins, der selber Zaren wie Ivan IV. oder Peter den Großen als seine Vorbilder bezeichnete und dessen Kult direkt an den Zarenglauben anknüpfte;
- die Wiederaufnahme imperialer und nationaler Ideologien im Sowjetpatriotismus;
- die passive, durch den Massenterror Stalins noch in weitaus höherem Maß als unter dem Zarismus atomisierte Gesellschaft.

Trotz dieser Kontinuitäten würde eine Gleichsetzung mit dem Zarismus das sowjetische Herrschaftssystem mit seiner viel schärferen Kontrolle und seinen menschenverachtenden Ausrottungen und Deportationen verharmlosen. Zahlreiche Wissenschaftler sehen denn auch im Sowjetsystem etwas grundsätzlich Neues. Sie betonen die Bedeutung der marxistisch-leninistischen Ideologie und der totalen Macht von Partei, Geheimpolizei und Diktator. Die geschlossenste theoretische Ausformung dieser Auffassung ist das Konzept des Totalitarismus, das auf Parallelen zwischen Sowjetsystem und Nationalsozialismus verweist. Die Totalitarismustheorie trägt zwar wesentlich zur Deutung des stalinistischen Herrschaftssystems bei, doch vernachlässigt sie den historischen Faktor und die Wechselbeziehungen zwischen Politik und Gesellschaft. Sie gibt keine befriedigende Erklärung des Sowjetsystems als ganzem, besonders der spätsowjetischen bürokratischen Diktatur, die nicht mehr als totalitär bezeichnet werden kann.

Gegen das Konzept des Totalitarismus wandten sich die sogenannten „Revisionisten". Sie verstehen den Stalinismus als grundsätzlich neues Phänomen, das sie vorwiegend sozialgeschichtlich zu erklären versuchen, also nicht nur als politisches, sondern auch als gesellschaftliches System mit einer Eigendynamik verstehen. Die „Revisionisten" vernachlässigen indessen den politisch-ideologischen Faktor, und einige von ihnen sind in ihrem Bestreben einer historischen Relativierung des Stalinismus zu weit gegangen. Die beiden Richtungen, die der Erforschung des sowjetischen Herrschaftssystems wesentliche Impulse gegeben haben, stehen sich nach wie vor gegenüber. Die dringend notwendige Aufgabe ihrer Synthese ist bisher erst in Ansätzen geleistet worden.

Demokratie im neuen Rußland?

Welche politischen Traditionen im neuen rußländischen Staat die Oberhand behalten werden, läßt sich noch nicht abschätzen. Zunächst folgte man dem Vorbild des demokratischen Westens und des vorrevolutionären Konstitutionalismus: Gewaltenteilung, freie Wahlen, Zweikammerparlament (mit einer neuen Duma), national-demokratische Ideologie, Entfaltung einer politischen Öffentlichkeit, Dezentralisierung des politischen Lebens. Die mangelnden Erfolge dieser Politik führten jedoch zu einem Erlahmen der gesellschaftlichen Aktivitäten und zur Verstärkung restaurativer, autoritärer Tendenzen. Traditionelle Elemente der russischen und sowjetischen politischen Kultur wie Autoritarismus, Zentralismus, schwaches Rechtsbewußtsein und Konfliktscheu wirken, wie Gerhard Simon gezeigt hat, auch heute nach, zumal die politischen Eliten kaum ausgewechselt wurden. Zu Beginn des 21. Jahrhunderts verstärkten sich diese autoritären Tendenzen, gegen die von seiten der Gesellschaft geringer Widerstand geleistet wurde. So tritt das von Herberstein vor mehr als 450 Jahren konstatierte Muster des mächtigen Staates und der passiven Gesellschaft in Rußland erneut zutage.

Privilegierte Eliten und geknechtete Unterschichten

> *Es werden verkauft drei Kutscher, stattlich und gut geschult, und zwei Mädchen von 18 und 15 Jahren, beide von hübschem Äußeren und mit Handarbeit wohlvertraut ... Im gleichen Hause werden Klaviere und Orgeln abgegeben.*
> Inserat aus der *Moskauer Zeitung* (1801)

Die bäuerliche Leibeigenschaft, auf die die nüchterne Zeitungsannonce ein Schlaglicht wirft, war die wichtigste Klammer zwischen autokratischem Staat und Adel im Zarenreich. Der Adel hatte zwar keine institutionalisierte Teilhabe an der Herrschaft, doch war er deren wichtigste Stütze. Deshalb erhielt er vom Staat weitgehende Privilegien und die Verfügungsgewalt über die leibeigenen Bauern. Die Interessenkoalition zwischen Staat und Adel auf Kosten der Unterschichten trug wesentlich zur Stabilität der inneren Verhältnisse im Zarenreich bei. Sie wiederholte sich im Bündnis zwischen Staat und Nomenklatura in der Sowjetunion.

Adel und Leibeigenschaft

Der russische Adel hatte seinen Ursprung in der Gefolgschaft der Fürsten; für seine Dienste wurde er vom Herrscher materiell ausgestattet. Auch die persönlich freien Städter und Bauern waren direkt vom Herrscher abhängig und hatten ihm Abgaben zu bezahlen und Dienste zu leisten. Die Eigenwirtschaften des Herrschers und des Adels wurden zunächst meist von Sklaven *(Cholopen)* bebaut, die es in Rußland bis ins 18. Jahrhundert gab.

Im Zuge der Ausdehnung der geistlichen und weltlichen Grundherrschaften im 15. bis 18. Jahrhundert wurde ein grosser Teil der bis dahin rechtlich freien Bauern zunächst an die Scholle gebunden und sank dann in die Leibeigenschaft ab. Dieser Prozeß wurde vom Staat gefördert, der die bäuerliche Bevölkerungsmehrheit dem Adel opferte. Er war auf die Dienste des Adels in Heer und Verwaltung angewiesen und ging deshalb gegen die Massenflucht der Bauern vor, die dessen wirtschaftliche Basis gefährdete. Im 18. Jahrhundert war die Mehrheit der Bauern direkt von ihren Gutsherren abhängig, unterlag deren Verwaltungs- und Gerichtshoheit und mußte Fronarbeit auf deren Gütern leisten. Die Leibeigenen verloren immer mehr Rechte und konnten nun ohne ihr Land und getrennt von ihren Familienangehörigen verkauft oder nach Sibirien verschickt werden; auch gerichtliche Klagen der Bauern gegen die Gutsherren wurden ausdrücklich verboten. Die Leibeigenschaft wurde auch auf die westlichen Randgebiete des Reiches übertragen, wo die Bauern schon in vorrussischer Zeit von meist polnischen oder deutschbaltischen Gutsherren abhängig gewesen waren.

Der Adel Rußlands war ursprünglich gegliedert in die Fürsten, den titulierten, von herrschenden Geschlechtern abstammenden Adel, den Erbadel der Bojaren und den Dienstadel. Im 16. und 17. Jahrhundert verschmolzen diese Kategorien zur Elite der „erblichen Dienstleute". Nachdem Peter der Große die Adligen zu lebenslänglichem Dienst verpflichtet hatte, wurden sie schon 1762 wieder vom Dienst befreit. Damit entfiel de jure die Gegenleistung für die adligen Privilegien. Dennoch bestätigte Katharina II. die adligen Freiheiten und Privilegien erstmals schriftlich und schuf adlige Standeskorporationen. Der gleichzeitig verlaufende, grundlegende Wandel der Oberschicht, die sich westliche Bildung aneignete, westeuropäische Kleidung trug, einen westlichen Lebensstil annahm und teilweise Französisch sprach, vergrößerte die Kluft zu den Bauern, die von der Verwestlichung kaum berührt wurden. Man hat deshalb von zwei Kulturen, ja von zwei Nationen, im Rußländischen Reich gesprochen.

Die heterogene Stadtbevölkerung, die sich nicht zu einem Bürgertum westlicher Prägung entwickelte, konnte sich nicht als „dritter Stand" zwischen Adel und Bauern etablieren, sondern blieb unter enger Kontrolle und fiskalischer Ausbeutung des Staates. Immerhin sanken die Stadtbewohner nicht in die Leibeigenschaft ab, ebenso wenig wie die Staatsbauern. Diese Kategorie hatte Peter der Große aus den Resten der freien Bauern des Nordens und Sibiriens, aus Nichtrussen im Osten und aus deklassierten Dienstleuten geschaffen. Sie wurde 1764 durch die ehemaligen Kirchen- und Klosterbauern erweitert. Die Staatsbauern, deren rechtliche und wirtschaftliche Lage etwas besser war als die der Leibeigenen, umfaßten in der Mitte des 19. Jahrhunderts über 40 Prozent aller Bauern Rußlands.

Protest der Unterschichten

Die vom Staat und den Eliten geknechteten Unterschichten wehrten sich im 17. und 18. Jahrhundert immer wieder gegen die Verschlechterung ihres Status. Es waren jedoch weniger die Leibeigenen als die persönlich freien Kosaken und (oft nichtrussischen) Staatsbauern der Peripherie und die Stadtbewohner, von denen die größeren Erhebungen ausgingen, die in den überregionalen Volksaufständen unter der Führung Bolotnikovs (1606/07), Razins (1670/71) und Pugačevs (1773–75) gipfelten. Der Pugačev-Aufstand, dem sich auch zahlreiche Leibeigene anschlossen, war für Adel und Regierung in der Folge ein Fanal der befürchteten sozialen Revolution.

Die Aufhebung der Leibeigenschaft im Jahre 1861 beseitigte einen Grundpfeiler des sozio-politischen Systems des Kaiserreichs Rußland. Der Adel blieb jedoch privilegiert und diente dem Herrscher weiter in Armee und Verwaltung. Mit der Industrialisierung formierte sich eine schmale Elite aus Unternehmern, Kaufleuten und Bankiers, ohne aber als Gruppe bestimmenden politischen Einfluß zu gewinnen.

Die Bauern waren nun zwar persönlich frei, doch blieben sie an die Gemeinde gebunden und unterlagen neben den steigenden Steuern langwierigen Ablösungszahlungen. Damit blieben trotz weiterer Reformen Relikte der Leibeigenschaft bis ins 20. Jahrhundert erhalten. Die Bauern als noch immer weit überwiegende Bevölkerungsmehrheit blieben Bürger zweiter Klasse. Ihr Protestpotential stieg wieder an, da sie das den Gutsherren verbliebene Land für sich beanspruchten. Die infolge der Industrialisierung entstandene neue städtische Unterschicht der Arbeiter blieb in ihrer Mehrheit eng mit dem Dorf verbunden. Das auf die beiden Metropolen und die westlichen und südlichen Randgebiete konzentrierte, oft unter schlimmen Bedingungen lebende Industrieproletariat wurde zu einem neuen Faktor sozialer Destabilisierung.

Die Kluft zwischen Ober- und Unterschicht versuchten Vertreter der Gegen-Elite der *Intelligenzia* zu überwinden, zunächst mit Aufklärungsarbeit unter dem Volk, dann mit dem Ziel der Revolution im Namen des Volkes. In der Revolution von 1905 erhoben sich erstmals in der Geschichte Rußlands Teile der Ober- und Unterschichten gemeinsam gegen die Autokratie. Obwohl die Protestaktionen der radikalen Intelligenz, der Industriearbeiter und Bauern die Autokratie an den Rand des Abgrundes brachten, gelang es der Regierung noch einmal, die Oberhand zu gewinnen. Die Kluft zwischen oben und unten blieb bestehen; sie stellte, wie Leopold Haimson gezeigt hat, zusammen mit dem Gegensatz zwischen Regierung und (gebildeter) Gesellschaft einen doppelten Antagonismus dar, der die soziale und politische Stabilität weiter gefährdete.

Neue Eliten in der Sowjetunion

Die Revolution von 1917 führte zur Ablösung der alten Eliten, deren Vertreter entweder emigrierten, umkamen oder sozial absanken. Eine neue, aus der Intelligenz und den Industriearbeitern rekrutierte Oberschicht regierte den jungen Sowjetstaat als Avantgarde des Proletariats, blieb allerdings zunächst auf Teile der alten Bürokratie angewiesen. Die Bauern blieben die ausgebeutete Mehrheit, erhielten aber in den zwanziger Jahren eine Atempause. Stalin führte sie dann mit der Zwangskollektivierung in eine neue Leibeigenschaft, die sie mit nackter Gewalt ausbeutete, sie an die Kolchosen und Sowchosen band und auch rechtlich diskriminierte. Die Industriearbeiter wurden zwar von der Propaganda als Stützen der Sowjetgesellschaft gepriesen, in Wirklichkeit aber ebenfalls ausgebeutet.

Mit Industrialisierung, Urbanisierung und Bildungsrevolution entstand in den dreißiger Jahren eine neue sowjetische Elite, die nicht mehr in der Tradition der Revolution stand, sondern aus dem Dorf konservative Werte mitbrachte. Sie wurde zur sozialen Basis des Stalinismus. Zwar wurde ein Teil dieser neuen Oberschicht in den „Säuberungen" gewaltsam ausgewechselt, dennoch entstand unter Stalin im Apparat der Partei- und Staatsbürokratie eine „Neue Klasse" (M. Djilas). Diese „Nomenklatura" konsolidierte sich in der Epoche nach Stalins Tod und richtete ihre Politik verstärkt auf die Absicherung ihrer Stellung aus. Sie war mit weitreichenden Privilegien ausgestattet, die den formalen Gleichheitsprinzipien des Kommunismus widersprachen und sich auf alle Lebensbereiche, auf Sonderläden, Dienstwagen, Staatsdatschas u.a. erstreckten. Die Masse der Bevölkerung blieb eine gegenüber der Nomenklatura unterprivilegierte, arme, wenn auch nicht elende Grundschicht, wobei die Industriearbeiter und Bergleute einen relativ besseren Status hatten als die Bauern und Teile der Intelligenz.

Die *Perestrojka* brachte keine soziale Revolution, blieben doch zahlreiche Angehörige der Partei-Nomenklatura auf ihren Posten oder wandten sich neuen, einträglicheren Tätigkeiten zu. Gleichzeitig formierte sich eine schmale Elite von „neuen Russen" aus Geschäftsleuten und Bankiers, die nicht immer deutlich zu scheiden ist von der sich rasch ausbreitenden Welt des Verbrechens (Mafia). Der alten und neuen Elite, die eng zusammenarbeiteten, stand eine immer breitere Unterschicht gegenüber, deren soziale und ökonomische Stellung sich ständig verschlechterte und die nicht nur Rentner und arbeitslose Gebildete, sondern auch viele Industriearbeiter umfaßte. Im Zuge des wirtschaftlichen Aufschwungs zu Beginn des 21. Jahrhunderts bildete sich allmählich eine neue Mittelschicht heraus.

Die neuere Sozialgeschichte Rußlands ist also geprägt vom Gegensatz zwischen einer mit dem Staat eng verbundenen, privilegierten Elite und der Masse der benachteiligten und ausgebeuteten Unterschichten. Ihren deutlichsten Ausdruck fand diese Konstellation in der Leibeigenschaft und in ihrer modernisierten Spielart, den Kolchosen. Das daraus herzuleitende soziale Protestpotential hat sich in der Frühen Neuzeit in Massenfluchtbewegungen und Volksaufständen und zu Beginn des 20. Jahrhunderts in Revolutionen entladen. Dieser seit Jahrhunderten immer wieder artikulierte Widerstand gegen Eliten und Staatsgewalt schränkt die These von der Passivität der russischen Gesellschaft ebenfalls ein. Ob das Protestpotential auch im heutigen Rußland wieder zutage treten wird, bleibt offen.

Die Welt der Bauern und die Welt der Städte

> *Der Mir oder die russische Gemeinde ist die eigentliche reale Grundlage der ganzen Volksverfassung.*
> August von Haxthausen (1852)

Die russische Gesellschaft war bis in die dreißiger Jahre unseres Jahrhunderts überwiegend agrarisch geprägt, und obwohl heute nur noch ein geringer Prozentsatz der Russen in der Landwirtschaft beschäftigt ist, erscheinen sie manchen Westeuropäern noch immer als Volk von Bauern. Die Traditionen des russischen Dorfes, die sich in Jahrhunderten herausgebildet haben, erwiesen sich als langlebig, als eine der zentralen Kontinuitäten russischer Geschichte.

Alltag im russischen Dorf

Das zeigt sich am Alltagsleben, an den einfachen Holzhäusern, der Kleidung, der auf Getreideprodukte ausgerichteten Ernährung mit *Kaša* (Brei), Brot und dem schwach alkoholisierten *Kvas.* Der seit dem 16. Jahrhundert bekannte *Vodka* sorgte für die an Festen und Feiertagen übliche Trunkenheit, die als soziales Ventil diente. In der bäuerlichen Arbeitshaltung herrschten Traditionen vor, die stark von den natürlichen Bedingungen und den jahreszeitlichen Rhythmen bestimmt waren. So arbeiteten die russischen Bauern in der Erntezeit mit einer sehr großen Intensität, während in den harten, langen Wintern Ruheperioden folgten. Ihre Arbeit war von einer vorkapitalistischen Wirtschaftsmentalität bestimmt, die nicht primär auf Profit ausgerichtet war, sondern zunächst das Überleben sichern mußte, dann jedoch soziale, kulturelle und ökologische Bedürfnisse berücksichtigte.

Das bäuerliche Leben spielte sich in der patriarchalischen Familie ab, die in erster Linie weitgehend autarke Wirtschaftsgemeinschaft mit einer Arbeitsteilung zwischen den Geschlechtern und Generationen war. Die übergeordnete Ebene war die Dorfgemeinde *(mir, obščina),* in deren Versammlung die Familienvorstände gemeinsame Aufgaben entschieden und die als Bindeglied zur staatlichen Verwaltung diente. Die russische Bauerngemeinde war vom deutschen Freiherrn von Haxthausen in der Mitte des 19. Jahrhunderts „entdeckt" worden. Der gemeinschaftliche Besitz des Bodens und seine in der *Mir*-Gemeinde praktizierte periodische Neuverteilung wurden in der Folge von Generationen russischer Denker und Revolutionäre als Erbe eines urslavischen Kommunismus gedeutet. In Wirklichkeit war die Umteilungsgemeinde vom Staat zu fiskalischen Zwecken erst in der Frühen Neuzeit eingeführt worden. Diese Agrarverfassung bewirkte eine soziale Regulierung im russischen Dorf und die Stärkung eines Ideals der Gleichheit und des Konsenses, die Schwächung des Eigentums, allerdings nicht den Verzicht auf die eigene bäuerliche Hofwirtschaft. In der bäuerlichen Mentalität vermischten sich animistische Elemente, die in erster Linie die engen Wechselbeziehungen mit der Natur und ihren Geistern betrafen und für die Wunderheilerinnen und Magier zuständig waren, mit den christlichen Werten, die vom Dorfpopen verkündet wurden, zu einer spezifischen russischen Volksfrömmigkeit.

Das russische Dorf stellte bis ins 20. Jahrhundert eine relativ geschlossene Welt mit einem hohen Grad an Kohäsion und Solidarität dar. Zwar brachten die *Zemstvo*-Reformen, die schrittweise Alphabetisierung und die Ausstrahlung von Industrialisierung und Urbanisierung langsame Veränderungen. Dennoch stand das Dorf der Welt der Städte und der Eliten weiter fremd gegenüber. Anders als Lenin behauptete, war der Gegensatz des Dorfes zur Außenwelt, der Konflikt Land-Stadt, in der Regel wichtiger als soziale Spannungen innerhalb des Dorfes. Man sollte die traditionale bäuerliche Welt mit ihrer strengen Ordnung und ihrem hohen Potential an Gewalt allerdings nicht idealisieren, wie es die *Narodniki* getan haben und ihre postmodernen Nachfolger, etwa in der russischen Dorfprosa, wieder tun.

Stadtluft macht nicht frei

Im Gegensatz zum Dorf hatte die russische Stadt keine ungebrochene eigenständige Tradition. Zwar hatte das mittelalterliche Kiever Reich ein entwickeltes Städtewesen gekannt, und in Novgorod und Pskov konnte die Stadtbevölkerung bis ins 15. Jahrhundert eine republikanisch-oligarchische Verfassung mit einer Volksversammlung *(veče)* und einem „Herrenrat" erhalten. Im Moskauer Reich setzte sich indessen der Staat endgültig durch und kontrollierte von da an die handel- und gewerbetreibende Bevölkerung, auch die schmale privilegierte Gruppe der Fernkaufleute *(gosti)*. Ein Stadtrecht mit eigenen Selbstverwaltungsorganen gab es in Rußland nicht, Stadtluft machte hier nicht frei. Die Stadtbevölkerung war von der Landbevölkerung rechtlich nicht abgegrenzt und war ebenso wie diese zu Abgaben und Dienstleistungen verpflichtet, auch wenn sie nicht in die Leibeigenschaft absank.

Unter den Bedingungen einer engen Bindung an den Staat konnte sich in Rußland kein Bürgertum westlicher Prägung entwickeln, das als Motor für eine kapitalistische und demokratische Entwicklung hätte wirken können. Versuche russischer Herrscher, nachträglich einen Bürgerstand zu kreieren, schlugen weitgehend fehl. Die Orientierung auf den zentralisierten Staat spiegelt sich auch darin wider, daß die Hauptstädte die einzigen großen russischen Städte blieben, zunächst Moskau, seit dem 18. Jahrhundert zusätzlich St. Petersburg. Noch am Ende des 19. Jahrhunderts gab es außer diesen beiden Millionenstädten keine russische Stadt mit über 150 000 Einwohnern; die übrigen Großstädte des Reiches wie Warschau, Odessa, Łódź, Riga und Kiev befanden sich alle an der westlichen nichtrussischen Peripherie.

Während Rußland bis ins 18. Jahrhundert eine sehr niedrige Urbanisierungsrate hatte, wuchs die russische Stadtbevölkerung im 19. und frühen 20. Jahrhundert stark an. Seit der Bauernbefreiung von 1861 und mit der Industrialisierung strömten viele Bauern in die Städte. Die meisten neuen Industriearbeiter, Dienstboten und Tagelöhner hielten jedoch ihre Bindung an die Dorfgemeinde aufrecht, so daß sie in der Stadt nicht vollständig Wurzel faßten. Andererseits entwickelten sich in dieser Zeit vor allem in den beiden Metropolen Wirtschaft, Kultur und Wissenschaft stürmisch, und St. Petersburg und Moskau wurden zu Zentren europäischen urbanen Lebens. Am Ende des 19. Jahrhunderts zeigen sich hier Umrisse eines schmalen Bürgertums aus Unternehmern, Kaufleuten und Freien Berufen.

Urbanisierung und Ruralisierung der Stadt

Diese urbane Welt wurde durch Revolution und Bürgerkrieg schwer erschüttert und in den zwanziger Jahren nur teilweise erneuert. Die russischen Bauern knüpften dagegen an ihre Traditionen an. Erst die Zwangskollektivierung zerschlug Hof, Familie und Bauerngemeinde und damit die eigenständige Welt des russischen Dorfes mit brutaler Gewalt. In wenigen Jahrzehnten wurde die Agrargesellschaft in eine Industriegesellschaft verwandelt, in der die Stadtbevölkerung zahlenmäßig klar dominierte. Die russischen Bauern, die in die sowjetischen Städte strömten, brachten jedoch ihre Werte und Traditionen, ihre von der Dorfgemeinde geprägte Wirtschaftsmentalität, mit. Die Urbanisierung war so von einer Ruralisierung der Stadt begleitet. Urbanes Leben mit einer entsprechenden Infrastruktur, mit Kaffeehäusern, Vereinen und gepflegten Auslagen entfaltete sich in der urbanisierten Sowjetunion kaum.

Erst seit deren Zusammenbruch und dem Eindringen kapitalistischer Elemente zeichnen sich Veränderungen ab. Sie betreffen allerdings in erster Linie die Hauptstadt Moskau und andere Großstädte, während die Mehrheit der russischen Provinzstädte trotz der einheitlichen Plattenbau-Hochhäuser noch heute einen stark ländlichen Charakter aufweist. Die Tatsache, daß die meisten Russen darauf angewiesen sind, in einem Schrebergarten oder auf dem Dorf Gemüse zu ziehen, hat die Verbindung zum Land sogar wieder verstärkt. Auf der anderen Seite scheint das russische Dorf, auf das Slavophile wie Solženicyn und Dorfschriftsteller wie Rasputin ihre Hoffnungen setzen, nicht wiedererwacht und nicht fähig zu sein, der Wirtschaft und Gesellschaft Rußlands Impulse zu geben.

Frauen und Männer

Ein Huhn ist kein Vogel,
ein Weib ist kein Mensch.

Wenn kein Mann da ist, fehlt das Haupt,
Wenn keine Frau da ist, fehlt das Gehirn.

(Russische Sprichwörter)

Das erste der beiden Sprichwörter spiegelt kraß die patriarchalische Struktur wider, die im russischen Dorf, so wie im übrigen vormodernen Europa, vorherrschte. Der Staat übertrug dem Hausvater die Autorität über die ganze Familie. Die Frau war dem Mann Gehorsam schuldig und ihm rechtlich nicht gleichgestellt. Der Familienvorstand fällte alle Entscheidungen in Familie und Gemeindeversammlung und hatte das Recht, alle Familienmitglieder, auch seine Ehefrau, zu züchtigen. Die jungen Frauen, die in die Familie ihres Ehemanns ziehen mußten, beweinten ihr Schicksal in Klageliedern, einem beliebten Genre der russischen Folklore, und tatsächlich standen die Schwiegertöchter in der Familienhierarchie auf der untersten Stufe.

Grenzen der patriarchalischen Ordnung

Das zweite Sprichwort weist auf die Grenzen der patriarchalischen Ordnung hin. Für die beiden Kernfunktionen der Familie, die Fortpflanzung und die Wirtschaft, waren die Frauen unersetzbar. In ihren Arbeitsbereichen in Haus und Feld, wo sie das Ernten mit der Sichel und das Binden der Garben, die Viehwirtschaft, Spinnen und Weben und den gesamten Haushalt besorgte, war die Hausfrau weitgehend autonom. Deshalb wurde die Frau in ihren Bereichen geschützt, etwa durch Reinheitsgebote, die ihr nach der Geburt Arbeit und Sexualbeziehungen verboten, oder durch rechtliche Bestimmungen gegen Beleidigungen ihrer Ehre. Für den Verlust ihrer Arbeitskraft erhielten die Eltern der Braut eine Entschädigung, während die Mitgift in der Verfügungsgewalt der Frau blieb, damit sie im Falle einer Scheidung auf sie zurückgreifen konnte. Als Witwe konnten Frauen praktisch die Stellung des Familienoberhauptes übernehmen.

Ähnlich ambivalent war die Situation der adligen Frau. Aufgrund von Herbersteins Bericht über die Abgeschlossenheit der vornehmen Moskowiterinnen im *Terem*, dem Frauengemach, und der patriarchalischen Äußerungen im *Domostroj*, einem russischen Hausbuch des 16. Jahrhunderts, galt die Lage der Frau im vormodernen Rußland lange als noch schlechter denn im übrigen Europa. Neuere Forschungsarbeiten machen jedoch deutlich, daß die Adelsfrauen in Vertretung ihres Mannes oder als Witwe eigenständige wirtschaftliche und administrative Tätigkeiten ausübten, daß sie rechtsfähig waren und daß sie in dem von persönlichen Beziehungen und Familienbindungen geprägten gesellschaftlichen und politischen Leben Rußlands in der Frühen Neuzeit eine größere Rolle spielten als in Westeuropa. Gelegentlich traten Frauen ins politische Rampenlicht, im 16. und 17. Jahrhundert Elena Glinskaja und Sofija als Regentinnen, im 18. Jahrhundert dann nicht weniger als vier Kaiserinnen, als letzte Katharina II.

Frauenemanzipation

So scheint die rechtliche und gesellschaftliche Situation der Frau im vormodernen Rußland besser, scheinen ihre Handlungsspielräume größer gewesen zu sein als in Mittel- und Westeuropa, wo sie sich seit dem Spätmittelalter bis ins bürgerliche Zeitalter sukzessive verschlechterten. Ein Symptom dafür war, daß es offenbar in Rußland praktisch keine frauenspezifische Hexenverfolgung gegeben hat. Diese Voraussetzungen trugen dazu bei, daß im rückständigen Rußland die Ideen der Frauenemanzipation – mindestens in der Elite – auf weniger Barrieren stießen. Seit der Mitte des 19. Jahrhunderts setzte sich eine gemäßigte Frauenbewegung für soziale Belange und vor allem für Bildungsmöglichkeiten ein. Auch dank der Unterstützung der Regierung, die Kader für die Modernisierung Rußlands benötigte, erreichten die Frauen früh den Zugang zu den Gymnasien und mit den „Höheren Frauenkursen" zu den Hochschulen. Außerdem studierten zahlreiche Russinnen im Ausland und wurden zu Vorkämpferinnen des Universitätsstudiums und der Wissenschaft in Europa. Die erfolgreiche Etablierung einer relativ breiten Schicht gebildeter Frauen vergrößerte jedoch die Kluft zu den nichtprivilegierten Frauen, die von der Alphabetisierung viel schwächer erfaßt wurden als die Männer: Im Jahre 1897 konnten nur 10 Prozent der russischen Bäuerinnen lesen gegenüber immerhin 39 Prozent der Bauern.

Ein Teil der emanzipierten Frauen engagierte sich in der revolutionären Bewegung, in der sie seit den 1870er Jahren mit etwa 15 Prozent einen erheblich höheren Prozentsatz stellten als die Frauen in den sozialistischen Parteien Westeuropas. Zwar wirkten Terroristinnen wie Sofija Perovskaja und Vera Figner an exponierter Stelle, doch ordneten sich die Frauen in der Regel den männlichen Revolutionären und ihre frauenspezifischen Forderungen dem allgemeinen Ziel der Revolution unter, von der man eine automatische Lösung aller „bürgerlichen" Probleme erwartete.

In der Sowjetunion erhielten die Frauen dann die formale rechtliche Gleichstellung, und es wurden liberale Gesetze erlassen, während die von Alexandra Kollontaj verkündete neue Sexualmoral wenig Widerhall fand. Die Stalinzeit brachte auch hier ein Wiederaufleben traditionaler bäuerlicher Werte, mit einem (später wieder aufgehobenen) Abtreibungsverbot, dem Schutz der Familie und der Idealisierung der Mutterrolle. Gleichzeitig wurde die sowjetische Frau jedoch als Arbeiterin in den Dienst des „Aufbaus des Sozialismus" gestellt. Diese Ambivalenz eines patriarchalischen Rollenverhaltens in der Familie und einer Integration ins Arbeitsleben ist bis heute erhalten geblieben. Trotz der Doppelbelastung in Haushalt und Beruf leisteten die sowjetischen Frauen unersetzliche Arbeit etwa im Bildungs- und Gesundheitswesen, und viele machten Karriere in Bildungswesen und Wissenschaft; in den politischen Führungsorganen waren und sind sie aber sehr schwach vertreten. Eine Frauenbewegung, die eine faktische Gleichstellung der Frau fordert, hat bisher in Rußland keine große Resonanz gefunden.

Abwehr und Expansion

> *Der Krieg, den Ihr führt, ist ein Befreiungskrieg, ein gerechter Krieg. Möge Euch in diesem Krieg das heldenmütige Vorbild Eurer großen Vorfahren beseelen – Alexander Nevskijs, Dmitrij Donskojs, Kuz'ma Minins, Dimitrij Požarskijs, Aleksandr Suvorovs, Michail Kutuzovs!*
> Josef Stalin (1941)

Die russische Geschichte ist nicht nur aus der inneren Entwicklung heraus zu erklären, sondern wurde auch von Außenpolitik und Kriegen bestimmt. Das Rußländische Reich und die Sowjetunion waren imperiale Mächte, deren Außenpolitik eine Eigendynamik entfaltete, die strategische Erwägungen und Prestigedenken in den Vordergrund stellte. Hohe Priorität hatte deshalb für den Staat eine schlagkräftige Armee, die seit dem 18. Jahrhundert die größte Europas war. Der Unterhalt der Streitkräfte verschlang bedeutende menschliche und finanzielle Ressourcen, die der wirtschaftlichen und sozialen Entwicklung Rußlands entzogen wurden. Andererseits gab der Zwang zur militärischen Modernisierung unter Peter dem Großen und Alexander II. wichtige Reformimpulse. Die Bewertung der imperialen Expansion, die Rußland zum größten Staat der Erde werden ließ, ist in Rußland bis heute umstritten.

Man hat die jahrhundertelange Expansion Rußlands zuweilen auf seine offenen Grenzen und den aus seiner Kontinentalität herzuleitenden Drang zu den Weltmeeren zurückführen wollen. Mehr Erklärungskraft hat jedoch ein ganzes Bündel von machtpolitischen, wirtschaftlichen und geistigen Faktoren in der jeweiligen historischen Situation. Während im Ausland das Bild eines aggressiven russischen Imperialismus vorherrscht, wird von russischer Seite der defensive Charakter der Außenpolitik betont: Expansion wird als Antwort auf Bedrohung oder Invasion von außen gedeutet, und als große Helden der Geschichte gelten nicht Eroberer, sondern Verteidiger des Vaterlandes wie die von Stalin genannten Alexander Nevskij im 13., Dmitrij Donskoj im 14., Minin und Požarskij zu Beginn des 17., Suvorov und Kutuzov am Ende des 18. und zu Beginn des 19. Jahrhunderts.

Sammeln der Länder der Goldenen Horde im Osten

Die Grundlagen dieses defensiven Geschichtsbildes liegen im Mittelalter, in der ständigen Bedrohung der seßhaften Ostslaven durch die Reiternomaden der Steppe, die in der Eroberung und Unterwerfung durch die Mongolen gipfelte. Das über zweihundertjährige „Tatarenjoch" hat tiefe Spuren im historischen Bewußtsein der Russen hinterlassen. Noch im

Jahre 1969, als ein militärischer Konflikt mit China drohte, aktivierte der Dichter Evtušenko das Mongolentrauma. Die Ostexpansion, die im 16. Jahrhundert begann und die Tatarenkhanate Kazan', Astrachan' und Sibir' und im folgenden das ganze nördliche Eurasien bis an die Grenzen der Mongolei und Chinas unter die Herrschaft Rußlands brachte, kann als Reaktion auf das „Tatarenjoch" betrachtet werden. Das „Sammeln der Länder der Goldenen Horde" machte Rußland zum Erben des mongolischen Großreiches. Die Eroberung Sibiriens, Alaskas und Kazachstans folgte allerdings primär ökonomischen Antrieben (Pelze und Bauern-Kolonisation). Spätestens im 19. Jahrhundert, als das islamische Mittelasien erobert wurde und Rußland auf die Mandschurei und China ausgriff, hatte die Expansion Rußlands einen kolonialen und imperialistischen Charakter gewonnen.

Auch die Expansion zum Schwarzen Meer im 18. Jahrhundert kann noch als Ausläufer des „Sammelns der Länder der Goldenen Horde" gedeutet werden, war doch das Khanat der Krimtataren, das jahrhundertelang die Pontische Steppe kontrollierte und die ostslavische Grenzbevölkerung durch Einfälle schwächte, das letzte Nachfolgereich der Mongolen. Der eigentliche Gegner war hier jedoch das Osmanische Reich, und die Auseinandersetzung mit ihm verlief im Rahmen der „großen Politik" der europäischen Mächte. Die Orientalische Frage, der Wettstreit um das Erbe des niedergehenden Osmanischen Reiches, spielte bis 1914 eine zentrale Rolle in der europäischen Politik. Rußland war ein wichtiger Akteur, der seine Balkanpolitik und seine Expansion nach Bessarabien mit religiösen Argumenten, dem Schutz der orthodoxen Glaubensbrüder und später mit einem nationalreligiösen Panslavismus legitimierte.

Defensive und aggressive Faktoren im Westen

Auch in Rußlands Beziehungen zum Westen wechselten Abwehr und Expansion ab. Der Angriff der deutschen Ordensritter und Schweden gegen die nordwestlichen Gebiete der vom Mongoleneinfall geschwächten Rus' in der Mitte des 13. Jahrhunderts legte den Grund für ein später wiederbelebtes Stereotyp vom gegen Rußland gerichteten „Deutschen Drang nach Osten". Wichtiger war in Spätmittelalter und Früher Neuzeit die Auseinandersetzung mit Litauen und Polen um das Erbe des Kiever Reiches. Bis ins 17. Jahrhundert gehörten die zentralen und westlichen Gebiete der Rus' zum Großfürstentum Litauen und später zum Königreich Polen-Litauen. Der litauische Großfürst Ol'gerd im 14. und der polnische König Sigismund III. zu Beginn des 17. Jahrhunderts schienen im Begriff, Moskau und die gesamte Rus' unter ihre Herrschaft zu bringen. So kann die im 15. Jahrhundert einsetzende Westexpansion Rußlands, die nach mehrfachen Rückschlägen in der Mitte des 17. Jahrhunderts Smolensk und Kiev erreichte, als Fortsetzung des „Sammelns der Länder der Rus'" durch Moskau betrachtet werden.

Obwohl Katharina II. diese Legitimation erneut benutzte, ist die Expansion Rußlands infolge der Teilungen Polens erneut im Rahmen der „großen europäischen Politik" zu interpretieren. Die „vierte Teilung" Polens im Jahre 1815, die die Grenzen des Rußländischen Reiches bis nach Mitteleuropa verschob, war gleichzeitig eine Reaktion auf den Rußlandfeldzug Napoleons. Neben der Bedrohung durch Frankreich im Jahre 1812 nehmen im historischen Bewußtsein der Russen auch die polnisch-schwedische Invasion zu Beginn des 17. und der Feldzug Karls XII. zu Beginn des 18. Jahrhunderts einen wichtigen Platz ein. Die Kriege gegen Schweden, die Rußland zur Vormacht im Ostseeraum machten und zu Beginn des 19. Jahrhunderts auch Finnland einbrachten, sind so im russischen Selbstverständnis ebenfalls als Gegenschläge gedeutet worden. Nachdem Rußland zu Beginn des 19. Jahrhunderts zur kontinentaleuropäischen Vormacht geworden war, bedeuteten seine Niederlagen gegen die Westmächte im Krimkrieg (1853–56), gegen Japan (1905) und gegen Deutschland im Ersten Weltkrieg schwere Prestigeverluste.

Die sowjetische Außenpolitik erhielt mit der weltrevolutionären Ideologie einen zusätzlichen expansiven Antrieb.

Gleichzeitig knüpfte sie an das Erbe des Zarenimperiums an. Nachdem in den Jahren 1917 bis 1919 die meisten Randgebiete abgefallen waren und eine ausländische Intervention alte Ängste einer Einkreisung geweckt hatte, gelang es den Bolschewiki, im Gegenstoß den größten Teil des ehemaligen Imperiums zu erobern. Die vorübergehende Koalition mit Hitlerdeutschland brachte 1939/40 die übrigen Gebiete (mit Ausnahme Finnlands und Zentral-Polens, dafür zusätzlich die Westukraine) unter sowjetische Herrschaft. Diese imperiale Expansion erhielt durch den deutschen Überfall auf die Sowjetunion eine nachträgliche Legitimation. Die in der Nachfolge des Befreiungskrieges gegen Napoleon „Großer Vaterländischer Krieg" genannte erfolgreiche Abwehr der nationalsozialistischen Aggression führte die Sowjetunion dann bis nach Berlin, Prag und Budapest und machte sie zur zweiten Weltmacht. Wie schon im Zarenreich erhielt die imperiale Prestigepolitik Priorität gegenüber einer Konzentration auf die innere Entwicklung.

Die Außenpolitik Rußlands heute

Das nach dem Ende der UdSSR ungefähr auf die Grenzen des Jahres 1650 reduzierte Rußland hat seine Ansprüche auf das Imperium noch nicht aufgegeben. Zwar steht eine militärische Expansion nicht zur Debatte, doch hat Moskau die Unabhängigkeit der ehemaligen Sowjetrepubliken, die als „Nahes Ausland" bezeichnet werden, nicht voll akzeptiert und bemüht sich, seine wirtschaftliche und politische Dominanz über den postsowjetischen Raum zu erhalten, wie sich in der Moskauer Politik gegenüber der „orangenen Revolution der Ukraine" Ende 2004 erneut zeigte. Die Denkfigur von Abwehr und Expansion führen russisch-nationalistische Kreise weiter, die den Zusammenbruch der Sowjetunion auf eine Verschwörung der Westmächte zurückführen, auf die es zu reagieren gelte. Dem stehen Stimmen wie die Solženicyns gegenüber, die zu einem bewußten Rückzug auf das ethnische Rußland aufrufen, weil gerade die ständige Expansion die

Kräfte Rußlands überspannt habe und für sein wirtschaftliches Zurückbleiben und seine kulturelle Krise verantwortlich sei. Sicher ist, daß auch das in seinem Territorium, seiner demographischen und wirtschaftlichen Basis reduzierte Rußland weiter eine Großmacht sein wird, die die Weltpolitik aktiv mitgestalten wird.

Russen und Nichtrussen

> *Eine so außerordentliche Menge von Völkern in einem Staatskörper vereint zu sehen, ist eine höchst seltene Erscheinung, zu welcher wir vergebens ein zweites Beispiel in der Weltgeschichte suchen würden.* Heinrich Storch (1797)

Die jahrhundertelange Expansion verwandelte Rußland allmählich in ein Vielvölkerreich. Die russische und ausländische Historiographie betrachten die russische Geschichte jedoch vorwiegend als russische Nationalgeschichte. Spätestens seit dem Zerfall der Sowjetunion ist deutlich geworden, daß eine solche nationalstaatliche Verengung dem Vielvölkerreich Rußland nicht gerecht werden kann. Neben die Differenzierung nach sozialen Gruppen und Geschlechtern hat deshalb auch die nach ethnischen und nationalen Gruppen zu treten.

Entstehung des Vielvölkerreiches

Den ersten Schritt zum polyethnischen Imperium brachte die Eroberung des tatarischen Khanats von Kazan': Erstmals kam damit ein souveränes Staatswesen, das nie zur Rus' gehört hatte und dessen führende Schicht einer anderen Weltreligion, dem Islam, anhing, unter die Herrschaft Rußlands. Mit der Ukraine, den Ostseeprovinzen, dem größten Teil Polens und Finnland traten zwischen der Mitte des 17. und dem Beginn des 19. Jahrhunderts weite Gebiete hinzu, die über eine mitteleuropäisch geprägte ständische Ordnung, Herrschaftsstruktur und Kultur verfügten. Im Laufe des 19. Jahrhunderts folgte schließlich die koloniale Eroberung kulturell fremder asiatischer Gebiete.

War das Moskauer Reich in der ersten Hälfte des 16. Jahrhunderts noch fast ausschließlich von Großrussen bewohnt, so machten diese zu Beginn des 18. Jahrhunderts nur noch gut 70 Prozent der Bevölkerung Rußlands aus; ihnen standen Ukrainer und Weißrussen (zusammen 15%), die turk- und finnischsprachigen Ethnien der Wolga/Ural-Region (5%) und die Esten, Letten und Deutschbalten an der Ostsee (4%) gegenüber. Am Ende des 19. Jahrhunderts war der Anteil der Großrussen auf 44 Prozent gesunken, während die Ukrainer 18, die Polen 7, die Weißrussen 5, die Juden 4, die Finnen, Esten und Letten zusammen 5 und die Muslime in Mittelasien, dem Kaukasusgebiet und der Wolga-/Uralregion insgesamt etwa 12 Prozent der Bevölkerung ausmachten. In der Sowjetunion war der großrussische Anteil bis zum Jahre 1939 infolge der Gebietsveränderungen und besonders hoher nichtrussischer Bevölkerungsverluste durch die Hungersnot von 1932/33 auf 58 Prozent gestiegen. Aufgrund der neuen territorialen Erweiterungen und der zurückgehenden Geburtenrate der Russen betrug er 1989 nur noch 51 Prozent; die beiden größten Gruppen von Nichtrussen waren jetzt die Muslime mit 19 und die Ukrainer mit 15,5 Prozent.

Nationalitätenpolitik im Zarenreich

Im dynastisch-ständisch legitimierten Rußländischen Reich spielten ethnisch-sprachliche Kriterien und sogar die Religion eine untergeordnete Rolle. Nachdem Widerstand mit Gewalt unterdrückt worden war, kooptierte die Zentrale die loyalen nichtrussischen Eliten in den Adel des Reiches, wenn sie dem Muster des landbesitzenden russischen Adels entsprachen. Das galt nicht nur für Orthodoxe wie Ukrainer oder Georgier, sondern auch für Lutheraner (Deutschbalten, Finnländer), die katholischen Polen und sogar für die Muslime an der Wolga, auf der Krim und in Aserbaidschan. Sie hatten wie der russische Adel für Ruhe und Ordnung in ihren Regionen zu sorgen und dem Staat Dienste zu leisten. Der soziale Status quo wurde zunächst nicht angetastet, die fremden Bekenntnisse anerkannt. Spezifische Fähigkeiten der nichtrussischen Eliten wurden für die Zentrale genutzt, so in Militär, Bürokratie (hier besonders die Deutschbalten), Wissenschaft und Handel (so die Diasporagruppen der Juden und Armenier). Im Gegensatz zu den rein russischen Territorien erhielten einige der peripheren Gebiete eine weitgehende Autonomie, so das ostukrainische Kosaken-Hetmanat (1654–1764), das Königreich Polen (1815–1832) und das Großfürstentum Finnland (1809–1899). Schon im 18. Jahrhundert zeigten sich zunächst im Osten, dann im Westen des Reiches Tendenzen einer verstärkten Integration, doch blieb die zarische Politik bis zur Mitte des 19. Jahrhunderts vorwiegend supranational.

In der zweiten Hälfte des 19. Jahrhunderts führten das Auftreten nationaler Bewegungen bei Nichtrussen und Russen und die auf Uniformierung und Systematisierung ausgerichtete Modernisierungspolitik erstmals zu einer forcierten Russifizierungspolitik gegenüber den Nichtrussen im Westen und Süden des Reiches. Ein wichtiger auslösender Faktor war der polnische Aufstand von 1863/64, der harte Repressionen nicht nur gegen den polnischen Adel, sondern auch gegen die ukrainische, weißrussische und litauische Sprache zur Folge hatte. Gleichzeitig faßte der Nationalismus in Teilen der russischen Gesellschaft Fuß und beeinflußte die Politik der Regierung, die seit 1881 auch die Juden vermehrt diskriminierte. Bis zur Revolution von 1905 verstärkten sich diese russifizierenden Tendenzen, ohne daß sie sich voll durchgesetzt hätten. Im ganzen gesehen wirkten sie sich kontraproduktiv aus, indem sie die Nationalbewegungen noch verstärkten.

Das Zarenreich war jedenfalls vor dem Ersten Weltkrieg noch immer von einer außergewöhnlichen Vielfalt geprägt. Im Osten lebten animistische Jäger und Rentierzüchter, muslimische und buddhistische Hirtennomaden und in den Bewässerungsgebieten Mittelasiens muslimische Ackerbauern, Händler, Handwerker und Schriftgelehrte. In Transkaukasien standen sich ein georgischer und muslimischer Adel und eine vorwiegend armenische städtische Mittelschicht gegenüber, während in den Berggebieten des Kaukasus in Clans organisierte muslimische Hirten dominierten. Im Westen hatten Finnland, die Ostseeprovinzen und (trotz der Repressionen) auch das Königreich Polen ihre Sprache, Kultur und Sozialordnung weitgehend bewahrt. In den Städten der Ukraine, Weißrußlands und Bessarabiens, in denen jüdische Händler und Handwerker seit Jahrhunderten eine wichtige Rolle spielten, war das russische Element dagegen erstarkt.

Nationsbildung in der Sowjetunion

In den Revolutionen von 1905 und 1917 erlebten die Nationalbewegungen einen Aufschwung, und nach dem Zusammenbruch des Zarenreiches und der Machtübernahme der Bolschewiki fielen die peripheren Gebiete vom Imperium ab. Nachdem es den Bolschewiki mit Hilfe der Roten Armee gelungen war, die meisten Territorien zurückzuerobern, versuchte man, die Nationalitäten durch Konzessionen für die Sowjetmacht zu gewinnen. Nichtrussische Sprachen und Kulturen wurden gefördert, und Einheimische verstärkt in Leitungspositionen eingesetzt. In den nach ethnischen Kriterien konstituierten Sowjetrepubliken machte in den zwanziger Jahren die Nationsbildung große Fortschritte. Dabei behielt die Moskauer Zentrale die politische und ideologische Kontrolle.

Die Stalinsche Revolution von oben zerstörte mit Zwangskollektivierung und Seßhaftmachung der Nomaden die wirtschaftlichen und sozialen Grundlagen und mit der Verfolgung der Religion die kulturelle Basis der nichtrussischen Gesellschaften. In den „Säuberungen" wurden fast die gesamten nationalen Eliten umgebracht. Die nationalen Kulturen wurden sowjetisiert, und seit der Mitte der dreißiger Jahre setzte erneut eine Russifizierung ein. Auf der anderen Seite führten Urbanisierung, Industrialisierung und der Ausbau des Bildungswesens dazu, daß neue nationale Eliten in ihren Republiken mobilisiert wurden. Die Auswirkungen dieses Prozesses zeigten sich am Ende der achtziger Jahre, als nationale Massenbewegungen, zunächst im Baltikum und in Transkaukasien, wesentlich zum Zusammenbruch der Sowjetunion beitrugen.

Obwohl das neue Rußland mit etwa 81 Prozent Russen ethnisch erheblich einheitlicher ist als die Sowjetunion, ist es ein Vielvölkerreich geblieben. Die Auseinandersetzung mit Tatarstan, die in einem bilateralen Vertrag beendet werden konnte, und mit Tschetschenien, die Moskau mit brutaler Gewalt zu lösen versuchte, haben gezeigt, daß nationale Probleme noch immer akut sind.

Bevölkerungswachstum und Kolonisation

> *Die Geschichte Rußlands ist die Geschichte eines der Kolonisation unterliegenden Landes.*
> Vasilij Ključevskij (1904)

In Wechselwirkung mit der ständigen Expansion Rußlands erschlossen ostslavische Bauern neue Siedlungsräume, und deren große horizontale Mobilität kann mit dem bedeutenden Historiker Ključevskij als ein Grundmotiv russischer Geschichte gelten.

Hohe natürliche Zuwachsraten

Mit den Migrationen hängt das natürliche Bevölkerungswachstum eng zusammen. Die Bevölkerung des Moskauer Reiches, des territorial größten Staates Europas, wird für das 16. Jahrhundert auf lediglich 6 Millionen geschätzt. Zu Beginn des 18. Jahrhunderts waren es auf einer etwa dreimal größeren Fläche erst 15 Millionen (gegenüber 18 Millionen im viel kleineren Frankreich). Rußland wies folglich eine sehr niedrige Bevölkerungsdichte auf, sogar in den zentralen Gebieten des europäischen Teils. Erst als seit dem 18. Jahrhundert die Ursachen für die extrem hohe Sterblichkeit (Seuchen, Hungersnöte, Kriege, mangelnde Hygiene) allmählich zurückgingen, stieg die Bevölkerung rasch an. Sie erreichte in der Mitte des 19. Jahrhunderts (auf einem erheblich erweiterten Territorium) 74 Millionen und stieg bis 1914 auf etwa 170 Millionen. Dieses sehr große Bevölkerungswachstum ist auf die bei rasch sinkender Sterberate weiter hohe Geburtenrate zurückzuführen. Verantwortlich dafür waren das niedrige Heiratsalter, die geringe Zahl von Unverheirateten und die Tatsache, daß die Bauerngemeinde große Familien förderte, da sie den Boden auf der Grundlage der Familiengröße neu verteilte. In diesen drei Faktoren unterschieden sich die orthodoxen Ostslaven von den Mittel- und Westeuropäern, zu denen auch die baltischen Völker und die Polen des Zarenreichs zu rechnen sind, bei denen der natürliche Bevölkerungszuwachs früher zu sinken begann.

Zwar blieb dieses vormoderne generative Verhalten der Ostslaven bis zur Mitte des 20. Jahrhunderts erhalten, doch bewirkten der Bürgerkrieg, die Hungersnöte von 1921/22 und 1932/33, der Stalinsche Terror und der Zweite Weltkrieg, daß die Bevölkerung der Sowjetunion nicht so rasch wuchs wie die des späten Zarenreiches (1926 147 Millionen, 1959 209 Millionen). Bis 1989 erreichte sie 286 Millionen, wobei jetzt der Anteil der Russen und der europäischen Ethnien überhaupt infolge stark sinkender Geburtenraten erheblich zurückgegangen war, während derjenige der Muslime anstieg. Der Trend einer niedrigen Geburtenrate setzt sich unter der russischen Bevölkerung der Rußländischen Föderation (Gesamtbevölkerung 145 Millionen) fort.

Migrationen

Wichtige Voraussetzungen für die ständigen Migrationen der Russen waren neben dem natürlichen Bevölkerungszuwachs die offenen Grenzen, die staatliche Expansionspolitik und die Tatsache, daß das Kerngebiet der russischen Siedlung wenig ertragreiche Böden aufwies. Dazu kam der in der Frühen Neuzeit steigende Druck des Staates und der Gutsherren (Abgaben, Dienstleistungen, Ausbreitung der Leibeigenschaft). In der zweiten Hälfte des 16. Jahrhunderts setzte deshalb eine Massenflucht russischer Bauern in die neu zugänglichen fruchtbaren Randgebiete der Steppe ein, die von Staat und Gutsadel noch nicht kontrolliert wurden. Zwar verbot der Staat die Flucht und versuchte die „Läuflinge" zurückzuholen, doch erreichte er damit nicht viel. Die Maßnahmen wurden außerdem nur halbherzig durchgeführt, weil der Staat zwar auf die Bedürfnisse des gutsbesitzenden Adels, der auf die bäuerliche Arbeitskraft angewiesen war, Rücksicht nehmen mußte, es aber andererseits in seinem Interesse lag, die neu erschlossenen Peripherien zu kolonisieren.

Die wichtigsten Zielgebiete bäuerlicher Kolonisation waren im 17. und 18. Jahrhundert die Grenzgebiete zur Steppe beidseits der mittleren und unteren Wolga und im südlichen Ural, im 19. Jahrhundert die südliche Ukraine und das nördliche Vorland des Kaukasus, wobei in den beiden letzten Migrationsströmen ukrainische Bauern tonangebend waren. Außerdem förderte der Staat aktiv die Besiedlung der südlichen Steppengebiete, indem er ausländische, vor allem deutsche Kolonisten an der unteren Wolga und nördlich des Schwarzen Meeres ansiedelte. Der Staat gab auch entscheidende Impulse für die forcierte Besiedlung des asiatischen Teils des Reiches, im Verlauf derer sich von 1890 bis 1914 über vier Millionen russische und ukrainische Bauern auf Dauer in Sibirien, Kasachstan und dem Fernostgebiet niederließen. Die ostslavische Emigration in die asiatischen Gebiete des Reiches war so der Ersatz für die Emigration nach Übersee, an der aus dem Zarenreich im wesentlichen nur Juden, Polen, Weißrussen, Litauer und Finnen teilhatten. Erst in sowjetischer Zeit kam es zu drei großen Emigrationswellen von Russen (1917–1921, 1941–1945, 70er und 80er Jahre), die vorwiegend politische Ursachen hatten.

Innerhalb der Sowjetunion fand die hohe Mobilität der Bauern ihre Fortsetzung in der Ausbreitung vorwiegend russischer Industriearbeiter und Kader auf die Peripherien im Zuge der Industrialisierung und Sowjetisierung. Dazu kamen die Zwangsmigrationen in den Archipel GULAG Stalins und die gewaltsame Deportation der Deutschen, Tschetschenen,

Krimtataren und anderer Ethnien nach Asien während des Zweiten Weltkriegs. Seit den 80er Jahren läßt sich eine Rückwanderung von Russen vor allem aus den asiatischen Republiken beobachten.

Die hohe geographische Mobilität der Russen war nicht nur bedeutsam für die Erschließung der Randgebiete des Reiches, sondern hatte auch kulturelle und soziale Auswirkungen. So trug sie bei zur Homogenisierung der russischen Sprache und Kultur und zu ihrer Verbreitung in den Randgebieten, was im nationalen Zeitalter Widerstand der Nichtrussen hervorief. Die ständigen Migrationen russischer Bauern widerlegen die verbreiteten Vorstellungen von der statischen Welt des traditionalen russischen Dorfes. Die Option der Flucht gab dem einzelnen die Möglichkeit des Protestes mit den Füßen und damit eines selbstbestimmten Schicksals. Die Massenmigrationen schufen ständige Unruhe, brachten Gewalt, Verbrechen und Räuberwesen mit sich. Sie zeigen deutlich die Grenzen der staatlichen Macht im autokratischen Rußland auf.

Extensivität und verzögertes Wirtschaftswachstum

> *Der grundlegende, beständigste Charakterzug der Geschichte Rußlands ist dessen verspätete Entwicklung mit der sich daraus ergebenden ökonomischen Rückständigkeit, Primitivität der Gesellschaftsformen und dem tiefen Kulturniveau.* Leo Trotzki (1931)

Aus den geographischen Bedingungen, dem riesigen Raum mit gewaltigen Bodenreserven und Ressourcen, der Verfügbarkeit billiger Arbeitskräfte und der Tradition der Mobilität ergab sich in Rußland ein Grundmuster extensiven Wirtschaftens. Rußland war nicht wie die an Ressourcen armen China, Niederlande oder England zu Innovationen und einer Intensivierung der Produktion gezwungen. Erst die äußere Herausforderung durch die schnell wachsenden kapitalistischen

Ökonomien Mittel- und Westeuropas machte die von Trotzki genannte Verspätung Rußlands deutlich. Seine Regierungen bemühten sich deshalb seit dem 18. Jahrhundert immer wieder darum, diesen ökonomischen Rückstand aufzuholen.

Ackerbau als Basis

Die Grundlagen der Landwirtschaft, bis ins 20. Jahrhundert die Basis der Wirtschaft Rußlands, bildeten sich schon im Mittelalter heraus: Roggen und Hafer als wichtigste Anbaufrüchte, im Süden später ergänzt durch Weizen; einfache Technologie mit Hakenpflug im Norden, im Süden später auch mit Schollenwendepflug; Vorherrschen der Dreifelderwirtschaft; mangelnde Düngung infolge wenig entwickelter Viehwirtschaft; große Bedeutung von Nebenerwerben in Waldwirtschaft, Heimindustrie und Gewerben. Der Ackerbau wies in Rußland schon aus klimatischen Gründen immer eine erheblich niedrigere Produktivität auf als in Mittel- und Westeuropa. Zwar konnte die Produktion von Getreide sukzessive gesteigert werden, so daß sie mit dem Bevölkerungswachstum Schritt hielt und seit dem 19. Jahrhundert sogar hohe Exporte erwirtschaftete. Dies geschah jedoch in der Regel durch Erweiterung der Anbaufläche und den Einsatz von mehr Arbeitskraft, also durch extensive Faktoren. Einer Intensivierung des Ackerbaus standen u.a. das lange Vorherrschen der Gutswirtschaft mit leibeigener Fronarbeit, das System der periodischen Landumteilung und der innovationsfeindliche Flurzwang der Dorfgemeinde entgegen.

Auch nach der späten Aufhebung der Leibeigenschaft veränderte sich die Situation nicht grundlegend. Allerdings führte das rasche Bevölkerungswachstum zu einer erheblichen Verkleinerung der Landanteile der Bauern. Man hat deswegen lange von einer ländlichen Überbevölkerung, einer tiefen Krise der Landwirtschaft und einer fortschreitenden Verelendung der russischen Bauern im letzten Drittel des 19. Jahrhunderts gesprochen. Die neuere Forschung hat jedoch nachgewiesen, daß sich in dieser Zeit die Agrarproduktion pro Kopf nicht verminderte und der Lebensstandard der Landbevölkerung im Durchschnitt nicht sank; die Bauern paßten sich im Gegenteil flexibel den neuen Bedingungen an und wichen auf Diversifizierung der Produktion und Nebenerwerbe aus. Die Diskussion darüber ist noch immer im Gang und wird vor allem regionale Unterschiede stärker herausarbeiten müssen.

Nach der Revolution setzten die Bauern in den zwanziger Jahren zunächst ihre alte Wirtschaftsweise fort. Erst die Zwangskollektivierung zerschlug die traditionelle, auf der bäuerlichen Hofwirtschaft und Gemeinde basierende Agrarstruktur und verstaatlichte die Landwirtschaft. Die Folge waren ein drastischer Rückgang der Produktion, die Verschärfung gewaltsamer Requisitionen von Getreide und die Finanzierung der für die Ernährung der wachsenden Stadtbevölkerung und die Industrialisierung notwendigen Getreideexporte durch Konsumverzicht und Hunger. Damit setzte eine Dauerkrise der Landwirtschaft ein, die trotz einer weitgehenden Mechanisierung und trotz gewisser Reformen in der Zeit nach Stalin bis heute anhält.

Industrialisierung durch den Staat

Das Erklärungsmuster des extensiven Wachstums läßt sich auch auf die industrielle Entwicklung Rußlands übertragen. So nahm im 18. Jahrhundert die vom Staat geförderte Eisenproduktion einen raschen Aufschwung, und Rußland wurde zum weltweit größten Erzeuger von Roheisen. Der Standort Ural bot Rohstoffe, neben Eisenvorkommen vor allem Holz für Holzkohle, im Überfluß, und auch an leibeigenen Arbeitskräften war kein Mangel. Es bestand also kein Zwang zur Intensivierung, ganz im Gegenteil zu England, wo der Mangel an Holz zur Entwicklung neuer Technologien in der Metallurgie zwang, die die Produktion von Roheisen innerhalb von fünfzig Jahren auf ein Zehnfaches der Werte Rußlands emporschnellen ließen. In einzelnen industriellen Bereichen kamen im 19. Jahrhundert auch in Rußland moderne Technologien zum Einsatz, zunächst in der Zuckerraffinerie und der

Baumwollspinnerei, später im neuen Schwerindustriekomplex der südlichen Ukraine. Dabei handelte es sich aber nur um eine partielle Intensivierung, während große Bereiche der Wirtschaft, vor allem die weit verbreitete Heimindustrie, weiter extensiv produzierten.

Ein weiteres Hemmnis der wirtschaftlichen Entwicklung Rußlands war der Mangel an Kapital. Er läßt sich auf das lange Fehlen von Edelmetallvorkommen bzw. ihrer Ausnutzung, die Dominanz ausländischer Kaufleute im reiche Gewinne abwerfenden Außenhandel und die mangelnde Autonomie städtischer Mittelschichten gegenüber dem Staat zurückführen. Geldwirtschaft, Banken und Kreditwesen entwickelten sich verspätet und langsam. Die Struktur des Außenhandels mit einem deutlichen Überwiegen der Rohstoffe im Export und der Fertigwaren im Import wirkte der industriellen Entwicklung ebenfalls entgegen. Der zarische Staat substituierte jedoch, wie Gerschenkron gezeigt hat, in seiner Industrialisierungspolitik im letzten Drittel des 19. Jahrhunderts erfolgreich die fehlenden Binnenvoraussetzungen von Nachfrage, Absatzmarkt, Kapital und Unternehmern und schuf günstige Rahmenbedingungen. Ob sich in Rußland vor 1914 ein vom Staat nicht mehr direkt abhängiges, eigendynamisches Wirtschaftswachstum durchgesetzt hat, ist umstritten.

Eine noch größere Rolle spielte der Staat in der forcierten Industrialisierung der Sowjetunion. Dank extensivem Einsatz von Arbeitskräften und Kapital und unter hohen sozialen und ökologischen Kosten konnten quantitativ eindrückliche Zuwachsraten vor allem in der Schwerindustrie erzielt werden. In einzelnen Bereichen wie der Waffenproduktion und der Raumfahrt wurden technologische Spitzenleistungen erbracht. Das im wesentlichen extensive Wachstum stieß jedoch in den siebziger Jahren an seine Grenzen; den Durchbruch zu einer Intensivierung schaffte die staatlich gelenkte Planwirtschaft nicht.

Die alten wirtschaftlichen Probleme der vorrevolutionären und die neueren der sowjetischen Epoche sind auch im neuen Rußland noch nicht überwunden. Zwar sind die Fundamente einer Marktwirtschaft, eines Bankwesens und einer Unternehmerschicht geschaffen worden. Dennoch sind traditionelle Elemente wie die Übermacht des Staates und seiner Bürokratie, die unzureichende Infrastruktur und das nach wie vor bestehende Grundmuster der Extensivität erhalten geblieben. Die hohen Erdöl- und Erdgaspreise führten zu Beginn des 21. Jahrhunderts zu einer Akkumulation von Kapital und einem steigenden Lebensstandard. Auf der anderen Seite hat der verschwenderische Umgang mit den reich vorhandenen natürlichen Ressourcen nicht nur ökonomische, sondern in immer stärkerem Maß auch ökologische Folgen, an denen künftige Generationen zu leiden haben werden.

Heiliges Rußland und orthodoxe Staatskirche

> *Rußland kann nur eine einzige Aufgabe haben: zur christlichsten aller menschlichen Gesellschaften zu werden.*
> Alexej Chomjakov (1858)

Noch heute wird der Rußlandreisende beeindruckt von den mittelalterlichen Kirchenbauten in Novgorod, Vladimir und Moskau, von den Ikonen und Fresken eines Andrej Rublev, von der Ausstrahlungskraft der orthodoxen Liturgie, die mit Musik, Bewegung, Bildern und Düften alle Sinne anspricht und das Göttliche intensiv vergegenwärtigt. Diese starke emotionale Ausstrahlung und die Spiritualität der Orthodoxie haben rationalistische Westeuropäer immer wieder fasziniert. Ähnliches gilt für das vom Slavophilen Alexej Chomjakov formulierte Prinzip der *sobornost'*, der auf dem Glauben beruhenden geistigen Gemeinschaft der rechtgläubigen Christen, die Religionsphilosophie eines Vladimir Solov'ev und Nikolaj Berdjaev oder die religiöse Botschaft der literarischen Werke Fedor Dostoevskijs und des späten Lev Tolstoj. Tiefe Frömmigkeit suchten und fanden Besucher auch bei den russischen Bauern, deren Mentalität mit Eigenschaften wie christliche Leidensfähigkeit, Geduld und Irrationalität beschrieben wurde.

Orthodoxie und Kirche als historische Kräfte

Die Verbindung von Russentum und Orthodoxie wurde besonders eng, als nach der osmanischen Eroberung Konstantinopels das „Heilige Rußland" einziger Hort der Rechtgläubigkeit blieb. Zwar hatte die damals formulierte Lehre von Moskau als drittem und letztem Rom nicht die ihr früher zugeschriebene Bedeutung als Leitidee russischer Politik, doch wurde sie im 19. Jahrhundert von Slavophilen und Panslavisten aufgenommen und in mehreren Varianten eines christlichen Messianismus verkündet. Religiös legitimiert war auch das Herrschaftssystem der Autokratie, und noch im 19. Jahrhundert nimmt unter den von Uvarov verkündeten drei Grundprinzipien der rußländischen Staatlichkeit die Orthodoxie vor der Autokratie und dem Volkstum den ersten Platz ein.

Orthodoxe Kirche und Klöster waren seit der Christianisierung im 10. Jahrhundert wichtige Partner des Staates, und das Verhältnis zwischen weltlicher und geistlicher Gewalt folgte dem byzantinischen Prinzip der „symphonia", der harmonischen Zusammenarbeit. In Zeiten der Zersplitterung und politischer Schwäche wurde die Kirche zum Symbol der Einheit Rußlands, so in der Teilfürstenzeit des 13. bis 15. oder den Wirren zu Beginn des 17. Jahrhunderts. In unterschiedlichen Lebensbereichen entfalteten Kirche und Klöster Aktivitäten. So gehörten sie bis zur Säkularisierung der Kirchengüter im Jahre 1764 zu den größten Grundbesitzern und betätigten sich auch in Handel und Gewerbe. Der Staat überließ der Kirche lange die Sorge um Familie, soziale Wohlfahrt und Bildung, und die traditionale russische Hochkultur wurde überwiegend von Geistlichen getragen.

Diesen Beitrag zur politischen, wirtschaftlichen, sozialen und kulturellen Entwicklung leistete vorwiegend die „schwarze" Geistlichkeit der Klöster, die dem Zölibat unterworfen war und aus deren Reihen die Hierarchen vom Bischof bis zum Patriarchen stammten. Die „weißen" Gemeindegeistlichen, die heiraten mußten, waren dagegen kaum gebildet und lebten auf dem Land ein bescheidenes Leben im Kreise der Bauern. Zwar wurden sie weniger respektiert als die katholischen Priester oder lutherischen Pastoren, dafür standen sie den Bauern näher als jene. Im täglichen Leben der Russen, vom Zaren bis zum Bettler, spielte bis zur Revolution die Kirche eine wichtige Rolle: Sie begleitete die wichtigen Stationen des Lebens von der Taufe über die Heirat bis zum Tod; ihr war das Familienrecht unterstellt; sie bestimmte Normen wie Eßvorschriften und Fasten und organisierte die wichtigsten Feste, die das Einerlei des Alltags unterbrachen.

Unterordnung der Kirche unter den Staat

Die Vorstellung vom „Heiligen Rußland", von der zentralen Rolle von Orthodoxie und Kirche in der russischen Geschichte, bedarf einiger Einschränkungen. So stand die Kirche dem Staat nicht gleichberechtigt gegenüber, sondern war ihm untergeordnet. Dies wurde besonders deutlich in der weitgehenden Verstaatlichung der Kirche seit dem 18. Jahrhundert. Auch in der Sowjetzeit hielt sich die offizielle Kirche über Wasser, indem sie dem atheistischen Staat gegenüber loyal blieb. Zwar war die orthodoxe Kirche bis 1917 die Staatskirche Rußlands, doch schränkte die Abhängigkeit von der weltlichen Macht ihre Handlungsfähigkeit und auch ihre Glaubwürdigkeit erheblich ein. So verhinderte der Staat immer wieder die von der Kirche propagierte aktive Mission unter den Muslimen und nichtorthodoxen Christen, um nicht deren Widerstand zu wecken und damit die Stabilität des Vielvölkerreiches zu gefährden. Die nichtorthodoxen Religionsgemeinschaften blieben denn auch bis zum Ende des Zarenreiches offiziell anerkannt. Geschwächt wurde die orthodoxe Kirche auch durch die seit der zweiten Hälfte des 17. Jahrhunderts abgespaltene, mehrere Millionen Anhänger zählende Gemeinschaft der Altgläubigen und zahlreiche Sekten.

Die Wirkungskraft von Kirche und Orthodoxie wurde ebenfalls geschmälert durch die von Peter dem Großen eingeleitete Verwestlichung der Eliten. Die Slavophilen kritisierten später diese Abwendung vom religiösen Erbe Rußlands, das sie wiederbeleben wollten. Dennoch suchten im 19. Jahrhundert zahlreiche Mitglieder der *Intelligenzia* nicht mehr in der Religion, sondern in den modernen Heilslehren des Materialismus, Anarchismus und Sozialismus nach Antworten auf die Fragen der Zeit.

Auch das Bild der vom orthodoxen Glauben durchdrungenen russischen Bauern muß relativiert werden. Zum einen zeichnete sich ihr Verhalten vorwiegend durch Realismus und Pragmatismus aus, zum anderen war die russische Volksfrömmigkeit nicht nur von christlichen Inhalten, sondern bis in unser Jahrhundert stark von einem Natur- und Geisterglauben geprägt, der von der Kirche zum Teil integriert, zum Teil aber auch verfolgt wurde.

Die atheistische Sowjetideologie schränkte die Tätigkeit der orthodoxen Kirche drastisch ein, und seit den zwanziger Jahren wurden Priester und Mönche grausam verfolgt. Man hat gelegentlich die These geäußert, daß der Marxismus-Leninismus in Rußland die Stelle der rechtgläubigen Lehre und die Kommunistische Partei die der Kirche eingenommen habe und daß die messianistische Utopie der Weltrevolution an die Lehre von Moskau, dem Dritten Rom, anknüpfte. Solche funktionalen Parallelen dürfen indessen die fundamentalen inhaltlichen Unterschiede und Diskontinuitäten nicht verwischen. Die orthodoxe Kirche und die sie tragende agrarische Gesellschaft wurden brutal zerschlagen, und die kommunistische Erziehung verdrängte die christlichen Werte weitgehend. Zwar sind nach dem Kollaps der sowjetischen Ideologie in Rußland orthodoxer Glaube und Kirche wiederbelebt worden, und es kam zu einem erneuten Schulterschluß zwischen Staat und Kirche. Trotz staatlicher Unterstützung wird die orthodoxe Kirche in einer fundamental veränderten Welt ihre frühere Bedeutung kaum wieder erlangen.

Hochkultur und Volkskultur

> *Zeichen des nächsten Jahrhunderts: Erstens: das Eintreten der Russen in die Cultur. Ein grandioses Ziel, Nähe der Barbarei, Erwachen der Künste, Großherzigkeit der Jugend ...*
> Friedrich Nietzsche (1880/81)

Die Hochkultur der mittelalterlichen Rus' war religiös, ihre Träger waren Klöster und Kirche, später auch der Fürstenhof. Ihre Grundlagen wurden, teilweise über südslavische Vermittlung, aus dem Byzantinischen Reich übernommen und schöpferisch weiterentwickelt. Das zeigt sich an den zahlreichen hervorragenden Werken der Kirchenarchitektur und der Malerei (Fresken und Ikonen), die zunächst dem byzantinischen Vorbild folgten und sich dann in regionale Schulen differenzierten. Die Literatur in der auf dem Altbulgarischen basierenden kirchenslavischen Schriftsprache bestand zunächst in erster Linie aus Übersetzungen, brachte aber bald eigenständige Werke hervor. Zu nennen wären Predigten und Heiligenlegenden und die viele unterschiedliche literarische Genres verarbeitende Chronistik. Im Gegensatz zu Westeuropa gab es im ostslavischen Mittelalter keinen höfischen Minnesang, keine Scholastik, keine Wissenschaften und Universitäten.

Verwestlichung in der Neuzeit

Die russisch-orthodoxe Hochkultur erstarrte seit dem 15. Jahrhundert allmählich, nachdem das Byzantinische Reich als Quelle von Anregungen ausgefallen war und Moskau die regionalen Kulturen unterdrückte. Im 17. Jahrhundert begann sie westliche Einflüsse aufzunehmen, sowohl über direkte Kontakte wie über ukrainische und weißrussische Vermittlung. Besonders wichtig war das Wirken der Kiever Akademie, der ersten ostslavischen Hochschule, die noch im Rahmen Polen-Litauens begründet worden war und nach der Eingliederung der Ost-Ukraine zur wichtigsten „Kaderschmiede" Rußlands wurde. Peter der Große beschleunigte mit staatlichen Eingriffen die Verwestlichung der russischen Hochkultur wesentlich. Im Laufe des 18. Jahrhunderts wurden eine Akademie der Wissenschaften und die erste Universität begründet, woran neben Ausländern, die zunächst die Hauptrolle spielten, auch Russen wie der Universalgelehrte Michail Lomonosov mitwirkten. Nach westlichen klassizistischen Vorbildern entstanden eine russische weltliche Literatur, Musik, Malerei, Architektur und (ganz neu) Skulptur.

Bemerkenswert schnell erreichte die junge säkularisierte Hochkultur das europäische Niveau der Epoche. Sie erlebte schon in der ersten Hälfte des 19. Jahrhunderts eine Blüte, die vor allem auf dem Gebiet der Literatur bis heute als Goldenes Zeitalter erscheint. Die Werke von Alexander Puškin, Michail Lermontov und Nikolaj Gogol' signalisieren den Einzug Rußlands in die Weltliteratur. Medium der Literatur war nun nicht mehr das Kirchenslavische, sondern die von Nikolaj Karamzin und Puškin geschaffene neue russische Literatursprache. Erstaunlich ist, daß die russische Literatur diesen frühen Höhepunkt gerade in der Regierungszeit Nikolaus I., einer Epoche innenpolitischer Reaktion, kleinkarierter Zensur und enger Kontrolle, erreichte. Die meisten Autoren standen dem Regime kritisch gegenüber und schrieben, um der Zensur zu entgehen, zwischen den Zeilen. Die Spannung zwischen Staat und Schriftstellern führte dazu, daß die russische Literatur zu einem gesellschaftlichen Phänomen wurde und die Aufgabe gesellschaftlicher Kritik, mindestens aber die einer moralischen Instanz, übernahm.

Avantgarde Europas

Die Gesellschaftsbezogenheit der russischen Literatur verstärkte sich in der zweiten Hälfte des Jahrhunderts, der Glanzepoche des realistischen gesellschaftskritischen Romans. Die meisten Werke von Turgenev, Dostoevskij, Tolstoj, Čechov und Gorkij zeichneten sich bei allen individuellen Unterschieden durch ein moralisches Engagement für eine bessere Gesellschaft aus. Gegen den sozialen Auftrag der Literatur wandte sich zu Beginn des 20. Jahrhunderts eine neue Generation, die modernistische Tendenzen vertrat. Sie forderte die Autonomie der Kunst, den Individualismus und den Vorrang des Ästhetischen. Die russische Lyrik erlebte damals mit Blok, Gumilev, Achmatova und Majakovskij eine weitere Blüte, die in der frühen Sowjetzeit fortgesetzt werden konnte. Die Abwendung von der engen Verbindung von Kunst und Gesellschaft ist auch damit zu erklären, daß die in Rußland seit 1905 entstandene politische Öffentlichkeit die gesellschaftskritische Rolle der Literatur weitgehend überflüssig machte.

Auch die übrigen Bereiche der Hochkultur erlebten im letzten halben Jahrhundert des Zarenreiches eine rasche Entwicklung. Zu nennen wären Theater und Ballett, die mit Namen wie Stanislavskij und Djagilev Weltgeltung erlangten. Das gilt ebenso für die russische Musik, die mit Čajkovskij, Rimskij-Korsakov und Musorgskij im Ausland bekannt wurde, und ähnlich wie die Literatur schon um die Jahrhundertwende mit Skrjabin, Stravinskij und Prokof'ev zur europäischen Avantgarde gehörte. Auch in der bildenden Kunst folgte auf den kritischen Realismus, deren bedeutendster Vertreter Repin war, um die Jahrhundertwende eine modernistische Reaktion. Zahlreiche der bedeutendsten Künstler, wie Kandinskij, Chagall, Larionov, und Ljubov' Popova, emigrierten allerdings nach Westeuropa oder lebten mindestens vorübergehend in Paris.

Rußland fand also im 19. Jahrhundert nicht nur den Anschluß an die europäische Hochkultur, sondern gehörte um 1900 zu ihrer Avantgarde. Eine entsprechende Entwicklung nahm auch die Wissenschaft. Nachdem erst zu Beginn des 19. Jahrhunderts ein Netz von Universitäten geschaffen worden war, blühten Natur- und Geisteswissenschaften auf. Schon gegen Ende des Jahrhunderts hatten sie den Anschluß an die europäische Wissenschaft gefunden, wie die Beispiele des Chemikers Mendeleev, des Entdeckers des periodischen Systems der Elemente, und des Physiologen Pavlov, des ersten russischen Nobelpreisträgers, zeigen.

Hochkultur und Wissenschaft blieben die Sache einer immer noch schmalen Elite. Neben der verwestlichten Kultur der Oberschicht bestand die traditionelle Volkskultur weiter fort. Eine Komponente der Volkskultur war kirchlich-orthodox (in der Vermischung mit einem vorchristlichen Animismus), eine andere bestand in der Tradierung der Volksliteratur, von Volksliedern, Tänzen, Volksmusik und einer hoch entwickelten materiellen Kultur, die etwa in der Kunst der Holzbearbeitung ihren Ausdruck fand. Zwar verminderte der allmähliche Ausbau des Bildungswesens die Kluft zwischen Elite und Volk etwas, doch kann man für die Jahrzehnte vor 1914 immer noch von zwei Kulturen sprechen.

Sozialistischer Realismus

In der Sowjetunion konnte sich zunächst die Hochkultur weiter entfalten. Erst in den dreißiger Jahren legte ihr Stalin mit dem zur einzig verbindlichen Norm erklärten Sozialistischen Realismus, der mit dem Sowjetpatriotismus gekoppelt wurde, eine Zwangsjacke an. Man kann dies als Versuch interpretieren, die spätestens seit dem 18. Jahrhundert bestehende Kluft zwischen Hochkultur und Volkskultur zu schließen. Als Ergebnis erlebten beide Kulturen einen katastrophalen Niedergang. Im Zuge der unter Stalin eingeleiteten Bildungsrevolution wurde immerhin der Analphabetismus beseitigt und eine homogenisierte Sowjetkultur verbreitet. Gleichzeitig erreichte nun auch die klassische russische Hochkultur des 19. Jahrhunderts breitere Massen. In der Nachstalinzeit übernahm die Literatur wieder die Rolle der Gesellschaftskritik, und nicht zufällig gehörten Schriftsteller wie Alexander Solženicyn oder Andrej Sinjavskij zu den wichtigsten Oppositionellen.

Im neuen russischen Staat erlebt die russische Kultur eine Krise. Schriftsteller und Künstler waren es seit jeher gewohnt, unter der Spannung des politischen Drucks zu arbeiten. Die plötzliche Freiheit, der Wegfall offizieller Förderung und die Konkurrenz einer kapitalistischen Massenkultur hatten eine Lähmung zur Folge, die erst mit der Zeit überwunden werden kann.

Europa und Asien

> *Siehe die Weltkarte an: wohin gehört Rußland? zu Europa oder zu Asien? Zu beiden. Dem größten Erdstrich nach zwar zu Asien; sein Herz aber liegt in Europa.*
>
> Johann Gottfried Herder (1802)

Gehört Rußland zu Europa? Diese Frage wird außerhalb Rußlands seit Leibniz und Herder, in Rußland seit dem 19. Jahrhundert immer wieder gestellt und kontrovers beantwortet. Dabei hängt viel von der Definition Europas ab: Umfaßt es alle von Antike und Christentum erfaßten Gebiete in beiden Varianten, der lateinisch/katholischen und der griechisch/orthodoxen? Oder wird Europa definiert durch das Modell von Demokratie, Rechtsstaat, Zivilgesellschaft und Kapitalismus, das in seinem Westteil entwickelt wurde?

Das eurasische Erbe der Mongolen

Geographisch ist Rußland, wie Herder zurecht festhält, seit der Eroberung Sibiriens eine eurasische Macht. Zu seinen Nachbarn gehören der Iran, China und Japan. Die mittelalterliche Rus' hatte noch ganz in Europa gelegen, und ihre Zivilisation beruhte auf christlichen, griechischen und slavischen Fundamenten. Dazu kam eine asiatische Komponente, faßbar in den ständigen Wechselbeziehungen mit den Steppennomaden. Die Ausrichtung nach Asien wurde durch die Mongolenherrschaft, die Integration in das politische und wirtschaftliche System der Goldenen Horde, verstärkt. Eine Folge davon war eine Abschottung der orthodoxen Großrussen (mit Ausnahme Novgorods) vom lateinisch-katholischen Europa. Das Moskauer Reich wurde erst im 16. Jahrhundert vom westlichen Ausland als fremde Welt neu entdeckt.

Die Ost-Expansion des 16. bis 19. Jahrhunderts machte Rußland zum Erben der Goldenen Horde und brachte zahlreiche Muslime, Lamaisten und Animisten, Rentierzüchter,

Hirtennomaden und Oasenbewohner unter seine Herrschaft. Gleichzeitig vollzog sich aber der fundamentale Prozeß einer kulturellen Annäherung an das übrige Europa, der im 18. Jahrhundert beschleunigt wurde. Er ging einher mit einer Westexpansion, die Rußland zur führenden europäischen Kontinentalmacht werden ließ und seine Grenzen bis weit nach Mitteleuropa vorschob. Zwar blieb die Verwestlichung Rußlands lange auf den Staat, die Oberschicht und die Hochkultur beschränkt, dennoch bedeutete sie eine erhebliche Verstärkung seiner Ausrichtung nach Europa.

Rußland und Europa

Der europäisch gebildeten Intelligenz wurden im 19. Jahrhundert die Defizite Rußlands gegenüber Westeuropa bewußt. Die Antworten der Westler und Slavophilen begründeten zwei Denkrichtungen, die bis heute das russische Denken bestimmen. Während die Westler westeuropäische, zunehmend sozialistische Modelle zum Vorbild nahmen, suchten die Slavophilen im vorpetrinischen, orthodoxen Rußland nach Grundlagen für einen eigenen, vom übrigen Europa getrennten Weg. Zwar kam bei panslavistischen Ideologen wie Danilevskij oder Dostoevskij auch Asien ins Blickfeld, doch galt ihnen Rußland nicht als asiatisches Land, sondern als europäische Kolonialmacht, deren Zukunft auch in Asien liege.

Die Anstöße zur russischen Revolution kamen ebenfalls von Europa, dem großen europäischen Krieg und einer europäischen Ideologie. Die Bolschewiki knüpften an das Erbe der westlerischen radikalen *Intelligenzia* an und versuchten, die marxistische Utopie auf das sozio-ökonomisch zurückgebliebene Rußland zu übertragen. Geopolitisch verschob sich die Sowjetunion infolge des Verlustes ihrer westlichen Territorien allerdings stärker nach Asien. Russische Emigranten formulierten in der Zwischenkriegszeit eine eurasische Konzeption, die die asiatischen Elemente in der russischen Geschichte, auch das sogenannte Tatarenjoch, positiv bewerteten und den spezifischen Weg Rußlands in seiner Rolle als eurasische

Macht definierten. Dennoch blieb auch in der Sowjetunion die tragende Ideologie europäisch, und die Stalinsche Revolution von oben mit forcierter Industrialisierung, Zerstörung des russischen Dorfes und Bildungsrevolution folgte westlichen Modellen. Als Ergebnis des Zweiten Weltkriegs wurde die Sowjetunion dann zur führenden europäischen Großmacht, deren Herrschaftsgebiet durch den „Eisernen Vorhang" allerdings scharf vom Westen Europas abgegrenzt war.

Das Vorhaben Gorbačevs, die Sowjetunion nach westlichem Vorbild wirtschaftlich zu modernisieren, partiell zu demokratisieren und „in ein gemeinsames europäisches Haus" einzubauen, scheiterte. Nach dem Kollaps der Sowjetunion unternahmen El'cin und sein Ministerpräsident Gajdar einen noch radikaleren Versuch, im neuen Rußland Demokratie, Rechtsstaat und Marktwirtschaft durchzusetzen. Nach dem Mißlingen dieser Schocktherapie wurden nicht nur kommunistische Alternativen wiederbelebt, sondern auch in steigendem Maß die Abwendung vom westlichen Modell und die Suche nach einem eigenen slavophil-orthodoxen oder eurasischen Weg propagiert. Obwohl sich Rußlands Januskopf also heute erneut zeigt, kann kein Zweifel daran bestehen, daß es ein europäisches Land ist, das durch sein historisches Erbe und auch durch die seit dem Fall des Eisernen Vorhangs intensivierten wirtschaftlichen, politischen und persönlichen Beziehungen viel enger mit Europa als mit Asien verbunden ist.

Bei der Beantwortung der von Herder gestellten Frage ist vom weiteren Europabegriff auszugehen, der auch die oströmisch-orthodoxe Welt umfaßt. Die heute in Westeuropa verbreitete Tendenz einer Ausgrenzung von Russen, Serben, Bulgaren und Rumänen aus der europäischen Zivilisation ist nicht nur historisch, sondern auch politisch kurzsichtig. Die Akzeptanz Rußlands als zwar geographisch eurasischer, „in ihrem Herzen" aber europäischer Macht schließt ein, daß wir Rußland innerhalb Europas einen eigenen, vom westeuropäischen Modell abweichenden Weg zubilligen, der auch das Erbe seiner Geschichte berücksichtigt.

IV. Schluß: Kontinuität und Brüche

Der Versuch eines gedrängten Gesamtüberblicks über ein Jahrtausend russischer Geschichte birgt eine Reihe von Gefahren. Komplizierte, von der Forschung differenziert analysierte Probleme werden stark vereinfacht. Die Ebene der Betrachtung ist abstrakt, die Dramatik von Ereignissen geht verloren, das Schicksal einzelner Menschen und ihr alltägliches Leben bleiben im Schatten von anonymen Strukturen. Eine verkürzte Zusammenfassung neigt außerdem dazu, die langfristige Wirkung von Strukturen zu betonen, historische Kontingenzen zu unterschätzen und Entwicklungsalternativen zu unterschlagen.

Obwohl die Geschichte Rußlands eine lange staatliche Kontinuität aufweist, die mindestens bis ins 15. Jahrhundert zurückreicht, weist sie auch tiefe Brüche auf:

– So gibt es zwar zwischen dem Moskauer und dem Kiever Reich eine dynastische und kirchlich-kulturelle, nicht aber eine demographische und territoriale Kontinuität.
– Die Zeit der Wirren *(Smuta)* brachte nicht nur das Ende der Rjurikiden-Dynastie, sondern einen fast vollständigen wirtschaftlichen, sozialen und politischen Zusammenbruch und eine tiefe geistige Krise.
– Die seit dem späten 17. Jahrhundert forcierte Verwestlichung von Staat und Elite veränderte zwar Rußland nicht so grundlegend, wie man lange glaubte, dennoch war sie ein Element der Diskontinuität.
– Einen zweiten totalen Zusammenbruch nach der Smuta brachte die Revolution der Jahre 1917 bis 1920, und die staatliche Neukonstituierung vollzog sich unter einer neuen Ideologie und einer neuen Elite.
– Der Kollaps der Sowjetunion im Jahre 1991 bedeutete einen neuen Bruch, der sich im Gegensatz zu den beiden vorangehenden allerdings nicht unter den erschwerten Bedingungen einer äußeren Bedrohung vollzog.

In all diesen Kontinuitätsbrüchen spielten einzelne Ereignisse und Persönlichkeiten (so Peter der Große, Lenin, Gorbačev und El'cin) eine wichtige Rolle, und es stellten sich Alternativen der historischen Entwicklung. Es besteht kein Anlaß für einen Fatalismus, der Rußland in einem ewigen Teufelskreis von wirtschaftlicher Misere, Unterentwicklung, Passivität und Unfreiheit gefangen sieht. Die russische Geschichte war auch nicht einfach eine krankhafte Abweichung vom westeuropäischen Weg, der scheinbar als einziger die Welt zum idealen Endzustand führt. Rußland hat seine eigene Geschichte mit ihren Höhen und Tiefen, wie die Geschichte anderer Länder auch. Rußland hat deshalb auch eine eigene Zukunft. Diese Zukunft ist offen, wird aber von traditionellen Grundmustern und historischen Kontinuitäten, wie sie hier dargelegt worden sind, mit bestimmt.

Die nüchterne und differenzierte Analyse seiner Geschichte kann zum Verständnis der Gegenwart und Zukunft des nach wie vor größten Landes der Erde mehr beitragen als emotionale Reaktionen auf ein „geheimnisvolles" oder „barbarisches" Rußland, wie sie gerade in Deutschland häufig gewesen sind. Seit der ersten intensiven Begegnung mit Rußland im 16. Jahrhundert hat man hierzulande einen Hang zur einseitigen Wahrnehmung der fremden Macht im Osten gezeigt. Entweder herrschte Angst vor einem aggressiven, grausamen, unberechenbaren Rußland, so infolge des Livländischen Kriegs oder der beiden Weltkriege, oder es überwog die Faszination des jungen, mächtigen, rätselhaften Rußland, das schon zur Zeit Peters des Großen Leibniz und im 19. und frühen 20. Jahrhundert deutschen Intellektuellen als zukunftsträchtige Alternative erschien. Das negative und das positive Rußlandbild wechselten sich in der deutschen Öffentlichkeit periodisch ab. Wurden Hoffnungen enttäuscht, pendelte die Einschätzung auf Furcht oder Verachtung zurück. Dieses übertriebene Ausschlagen der öffentlichen Meinung zeigte sich erneut, als nach einer jahrzehntelangen negativen Wahrnehmung der Sowjetunion Gorbačev und seine Perestrojka in Deutschland Wellen der Begeisterung auslösten. Nachdem sie verebbt sind, schlägt das Pendel wieder zurück, und Vorstellungen von wirtschaftlichem und sozialem Elend, politischer

Willkür und brutalem Verbrechertum beherrschen heute die öffentliche Meinung über Rußland.

Es wäre zu wünschen, daß Rußland und die Russen im Ausland als ein Land und ein Volk wie andere wahrgenommen würden. Dabei gibt es nicht nur Gemeinsamkeiten zu entdecken, sondern auch eigenständige, abweichende Elemente und Tendenzen zu registrieren und zu akzeptieren. In einer Zeit, in der uns Rußland nicht mehr als militärische Bedrohung erscheint, sind die Chancen für ein nüchternes, unvoreingenommenes Verstehen seiner Geschichte und Gegenwart größer geworden. Dies könnte uns vor übertriebenen Ängsten, Erwartungen und Enttäuschungen bewahren. Falls dieses kleine Buch dazu beitragen kann, hat es seinen Zweck erfüllt.

Zeittafel

860	Feldzug der Rus' gegen Konstantinopel
988	Taufe Vladimirs des Heiligen, Beginn der Christianisierung der Rus'
1237–1241	Eroberung der Rus' durch die Mongolen-Tataren
1386	Union Polens mit Litauen
1448/59	Autokephalie der Moskauer Kirche
1462–1505	Ivan III.
1478	Anschluß Novgorods an Moskau
1533–1584	Ivan IV., der „Schreckliche"
1547	Krönung Ivans IV. zum Zaren
1552	Eroberung des Khanats von Kazan'
1598	Ende der Rjurikiden-Dynastie, Beginn der *Smuta*
1613	Wahl Michail Romanovs zum Zaren
1649	Endgültige Bindung der russischen Bauern an die Scholle
1654	Angliederung der östlichen Ukraine
1682/89–1725	Peter der Große
1700–1721	Nordischer Krieg
1722	Einführung der Rangtabelle
1762	Aufhebung der adligen Dienstpflicht
1762–1796	Katharina II.
1772–1795	Drei Teilungen Polens
1773–1775	Pugačev-Aufstand
1785	Gnadenurkunde für den Adel
1801–1825	Alexander I.
1812	Rußlandfeldzug Napoleons
1825	Dekabristenaufstand
1825–1855	Nikolaus I.
1853–1856	Krimkrieg
1855–1881	Alexander II.
1861	Aufhebung der Leibeigenschaft
1863	Januar-Aufstand in Polen
1864	*Zemstvo*- und Justizreform
1881–1894	Alexander III.
1894–1917	Nikolaus II.
1905–1906	Erste Revolution
1906	Reichsgrundgesetze, Einberufung der Duma Agrarreform Stolypins
1914–1918	Erster Weltkrieg
1917	Februar-Revolution Oktober-Revolution
1918	Auflösung der Verfassunggebenden Versammlung

1921	10. Parteitag, Einführung der Neuen Ökonomischen Politik
1922	Begründung der Sowjetunion
1924	Tod Lenins
1929	Übergang zur Zwangskollektivierung der Landwirtschaft und zur forcierten Industrialisierung
1934–1938	„Große Säuberungen"
1939	Nichtangriffspakt mit Deutschland
1941–1945	„Großer Vaterländischer Krieg"
1953	Tod Stalins
1956	20. Parteitag, Beginn der Entstalinisierung
1964	Entmachtung Chruščevs
1985	Wahl Gorbačevs zum Parteichef, Beginn der Perestrojka
1991	Juni: Wahl El'cins zum Präsidenten Rußlands August: Gescheiterter Putsch Dezember: Ende der Sowjetunion
1993	Staatsstreich El'cins, Wahlen zur ersten Duma
1994–1996, 1999–	Tschetschenienkriege
1999/2000	Rücktritt El'cins, Wahl Putins zum Präsidenten
2004	Wiederwahl Putins
2008	Wahl Medved'evs zum Präsidenten

Hinweise auf weiterführende Literatur

1. Gesamtdarstellungen

Günther Stökl: Russische Geschichte. Von den Anfängen bis zur Gegenwart. 6. Aufl. Stuttgart 1997.
Carsten Goehrke, Manfred Hellmann u. a.: Rußland. Frankfurt/M. 1972, = Fischer Weltgeschichte 31.
Heiko Haumann: Geschichte Rußlands. 2. Aufl. Zürich 2003.
Edgar Hösch: Geschichte Rußlands. Vom Kiever Reich bis zum Zerfall des Sowjetimperiums. Stuttgart 1996.
Handbuch der Geschichte Rußlands. Bd. 1–5. Stuttgart 1981–2005.
The Cambridge History of Russia. Bd. 1–3. Cambridge 2006. Christoph Schmidt: Russische Geschichte 1547–1917. München 2003, = Oldenbourg Grundriss der Geschichte 33.
Andreas Kappeler: Rußland als Vielvölkerreich. Entstehung, Geschichte, Zerfall. 3. Aufl. München 2001.
Geoffrey Hosking: Russland. Nation oder Imperium? 1552–1917. Berlin 2000.

2. Darstellungen einzelner historischer Epochen

Robert O. Crummey: The Formation of Muscovy 1304–1613. London, New York 1987.
Richard Pipes: Rußland vor der Revolution. Staat und Gesellschaft im Zarenreich. München 1977.
Hugh Seton-Watson: The Russian Empire 1801–1917. Oxford 1967.
Orlando Figes: Die Tragödie eines Volkes. Die Epoche der Russischen Revolution 1891–1924. Berlin 1998.
Manfred Hildermeier: Die Russische Revolution 1905–1921. Frankfurt a. M. 1989.
Helmut Altrichter: Rußland 1917. Ein Land auf der Suche nach sich selbst. Paderborn u. a. 1997.
Helmut Altrichter: Kleine Geschichte der Sowjetunion 1917–1991. 3. Aufl. München 2007.
Manfred Hildermeier: Die Sowjetunion 1917–1991. 2. Aufl. München 2007, = Oldenbourg Grundriss der Geschichte 31.
Manfred Hildermeier: Geschichte der Sowjetunion 1917–1991. Entstehung und Niedergang des ersten sozialistischen Staates. München 1998.
Leonid Luks: Geschichte Russlands und der Sowjetunion. Von Lenin bis Jelzin. Regensburg 2000.
John L. H. Keep: Last of the Empires. A History of the Soviet Union 1945–1991. Oxford 1995.

3. Werke zu einzelnen Themenbereichen

Klaus Heller: Russische Wirtschafts- und Sozialgeschichte. Bd. 1: Die Kiever und die Moskauer Periode (9.–17. Jahrhundert). Darmstadt 1987.

Hartmut Rüß: Herren und Diener. Die soziale und politische Mentalität des russischen Adels. 9.–17. Jahrhundert. Köln-Wien 1994.

Carsten Goehrke: Russischer Alltag. Eine Geschichte in neun Zeitbildern vom Frühmittelalter bis zur Gegenwart. Bd. 1–3. Zürich 2003–2004.

Natalia Pushkareva: Women in Russian History from the Tenth to the Twentieth Century. Phoenix Mill 1999.

Barbara Alpern Engel: Women in Russia. Cambridge 2004.

David Moon: The Russian Peasantry, 1600–1930: The World the Peasants Made. London, New York 1999.

Christoph Schmidt: Sozialkontrolle in Moskau. Justiz, Kriminalität und Leibeigenschaft 1649–1785. Stuttgart 1996.

Boris N. Mironov (with Ben Eklof): A Social History of Imperial Russia 1700–1917. Vol. 1–2. Boulder, Col. 2000.

Manfred Hildermeier: Bürgertum und Stadt in Rußland 1760–1870. Rechtliche Lage und soziale Struktur. Köln-Wien 1986.

Dietrich Geyer (Hrsg.): Wirtschaft und Gesellschaft im vorrevolutionären Rußland. Köln 1975.

Bernd Bonwetsch: Die russische Revolution 1917. Eine Sozialgeschichte von der Bauernbefreiung 1861 bis zum Oktoberumsturz. Darmstadt 1991.

Helmut Altrichter: Die Bauern von Tver'. Vom Leben auf dem russischen Dorf zwischen Revolution und Kollektivierung. München 1984.

Stefan Merl: Bauern unter Stalin. Die Formierung des sowjetischen Kolchossystems, 1930–1941. Berlin 1990.

Moshe Lewin: The Making of the Soviet System. Essays in the Social History of Interwar Russia. London 1985.

Robert C. Tucker (Hrsg.): Stalinism. Essays in Historical Interpretation. New York 1977.

Dietrich Beyrau: Intelligenz und Dissens. Die russischen Bildungsschichten in der Sowjetunion 1917–1985. Göttingen 1993.

Andreas Kappeler (Hrsg.): Die Russen. Ihr Nationalbewußtsein in Geschichte und Gegenwart. Köln 1990.

Gerhard Simon: Nationalismus und Nationalitätenpolitik in der Sowjetunion. Von der totalitären Diktatur zur nachstalinschen Gesellschaft. Baden-Baden 1986.

Terry Martin: The Affirmative Action Empire: Nations and Nationalism in the Soviet Union, 1923–1939. Ithaca-London 2001.

Erik Amburger: Geschichte der Behördenorganisation Rußlands von Peter dem Großen bis 1917. Leiden 1966.

Dietrich Geyer: Der russische Imperialismus. Studien über den Zusammenhang von innerer und auswärtiger Politik 1860–1914. Göttingen 1977.

Ders. (Hrsg.): Osteuropa-Handbuch. Sowjetunion. Außenpolitik. Bd. 1–3. Köln-Wien 1972–1976.

Igor Smolitsch: Geschichte der russischen Kirche 1700–1917. Bd. 1–2. Leiden 1964, Berlin 1991.

Edgar Hösch: Die Kultur der Ostslaven. Wiesbaden 1977.

Gabriele Scheidegger: Perverses Abendland – barbarisches Rußland. Begegnungen des 16. und 17. Jahrhunderts im Schatten kultureller Mißverständnisse. Zürich 1993.

Karl Schlögel: Petersburg. Das Laboratorium der Moderne. Petersburg 1909–1921. München-Wien 2002.

Gerhard Simon: Zukunft aus der Vergangenheit. Elemente der politischen Kultur in Rußland. Köln 1995, = Berichte des Bundesinstituts für ostwissenschaftliche und internationale Studien 10.

4. Hilfsmittel

Lexikon der Geschichte Rußlands. Von den Anfängen bis zur Oktober-Revolution. Hrsg. von Hans-Joachim Torke. München 1985.

Historisches Lexikon der Sowjetunion 1917/22–1991. Hrsg. von Hans-Joachim Torke. München 1993.

Studienhandbuch Östliches Europa. Band 2: Geschichte des Russischen Reiches und der Sowjetunion. Hrsg. von Thomas M. Bohn und Dietmar Neutatz. Köln u. a. 2002.

Edgar Hösch, Hans-Jürgen Grabmüller: Daten der russischen Geschichte. Daten der sowjetischen Geschichte; von 1917 bis zur Gegenwart. Bd. 1–2. München 1981.

Roland Götz, Uwe Halbach: Politisches Lexikon Rußland. Die nationalen Republiken und Gebietseinheiten der Rußländischen Föderation. München 1994.

James R. Millar (Ed.): Encyclopedia of Russian History. Vol. 1–4. New York 2004.

Karten

Karte 1: Das Moskauer Reich um 1550

Karte 3: Das Rußländische Imperium 1700-1914

© Verlag C.H.Beck (1997)

Karte 4: Die Rußländische Föderation und die übrigen Nachfolgestaaten der Sowjetunion

Register

Achmatova, Anna 88
Afghanistan 42 f.
Alaska 68
Aleksij, Metropolit 19
Alexander I. 27 f.
Alexander II. 28 f., 67
Alexander III. 29
Alexander Nevskij 19, 66 f.
Altgläubige 24, 84
Andropov, Jurij 43
Animisten 91
Anisimov, Evgenij 25
Anna, Kaiserin 26
Armenier 73
Aserbaidschan 72
Astrachan' 22, 68
Autokratie 22, 24, 30, 47 f., 50, 57

Bakunin, Michail 30
Balkan 68
Baltikum 35 f., 74
Berdjaev, Nikolaj 82
Berlin 70
Bessarabien 27, 36, 68, 74
Blok, Alexander 88
Bogoljubskij, Andrej 17
Bojaren 17, 20 f., 24, 49, 55
Bolotnikov, Ivan 23, 56
Bolschewiki 15, 31, 34–36, 39, 70, 74, 91
Boris Godunov 23
Brest-Litovsk 35
Brežnev, Leonid 42 f.
Budapest 70
Bulgaren 92
Bulgarien 16
Byzantinisches Reich 16, 22, 48, 68, 86

Čaadaev, Petr 11
Čajkovskij, Petr 88

Čechov, Anton 87
Čeka 35, 40
Černenko, Konstantin 43
Černigov 17
Černyševskij, Nikolaj 30
Chagall, Marc 88
China 41, 68, 78, 90
Chodorkovskij, Michail 46
Cholopen (Sklaven) 54
Chomjakov, Alexej 82
Chruščev, Nikita 41 f.

Danilevskij, Nikolaj 91
DDR 43
Dekabristenaufstand 28
Deutschbalten 72 f.
Deutsche 77
Deutscher Orden 19
Deutschland 40, 42 f., 70, 94 f.
Diderot, Denis 26
Djagilev, Sergej 88
Djilas, Milovan 58
Dmitrij Donskoj 19, 66, 67
Dmitrij Ivanovič 23
Dnjepr 14, 16
Dolgorukij, Jurij 17
Domostroj 64
Dostoevskij, Fedor 82, 87, 91
Duma 32, 45, 51, 53

El'cin, Boris 44–46, 92, 94
England 78, 80
Erster Weltkrieg 33, 69, 73
Esten 72
Estland 25
Eurasier 91 f.
Evtušenko, Evgenij 68

Fernostgebiet 77
Figner, Vera 65
Finnen 72, 77

Finnland 27, 36, 40, 69, 70 f.,
  73 f.
Frankreich 69

Gajdar, Egor' 45, 92
Galizien 17
Georgien 44
Georgier 72
Geyer, Dietrich 50
Glasnost' (Transparenz) 43
Glinskaja, Elena 65
Goehrke, Carsten 12
Gogol, Nikolaj 87
Goldene Horde 18 f., 22, 48, 90
Gorbačev, Michail 43 f., 92, 94
Gorkij, Maksim 87
Gosti (Fernkaufleute) 61
Großer Vaterländischer Krieg 40,
  70
Gumilev, Nikolaj 88

Haimson, Leopold 57
Hanse 20
Haxthausen, August von 59 f.
Heinrich I. von Frankreich 16
Heinrich IV., Kaiser 16
Herberstein, Sigismund von 47,
  54, 64
Herder, Johann Gottfried 90, 92
Herzen, Alexander 30
Hitler, Adolf 12, 40

Igor', Fürst 16
Intelligenzia 30 f., 51, 57, 85,
  91
Iran 90
Islam 71
Ivan III. 20 f., 48
Ivan IV., der Schreckliche 22 f., 52

Jagiełło 19
Japan 32, 69, 90
Jaroslav der Weise 16
Jelzin, Boris → El'cin, Boris
Juden 40, 72–74, 77

Kamenev, Lev 37
Kandinskij, Vasilij 88
Karamzin, Nikolaj 87
Karl XII. von Schweden 69
Karpato-Ukraine 40
Kasachen 39
Katharina II. 26, 27, 55, 65, 69
Kaukasus 9, 72 f., 77
Kazachstan 68, 77
Kazan' 22 f., 68, 71
Kerner, R. J. 12
Khanat von Kazan' 22
Kiev 16 f., 19, 24, 48, 62, 69,
  86
Kirgisen 39
Ključevskij, Vasilij 48, 75
Kolchosen 38, 58, 59
Kollontaj, Alexandra 66
Kommunismus 58, 60
Kommunistische Partei 36, 43, 52,
  85
Konstaninopel 14, 16, 49, 83
Konstitutionelle Demokraten
  (Kadetten) 31
Kosaken 11, 56, 73
Krim 27, 72
Krimkrieg 28, 69
Krimtataren 42, 68, 77
Kuba 42
Kutuzov, Michail 66 f.

Lamaisten 91
Larionov, Michail 88
Leibeigenschaft 23, 26, 28, 54–59,
  79
Leibniz, Gottfried Wilhelm 90,
  94
Lenin, Vladimir (Uljanov) 31, 34,
  36 f., 40 f., 43, 51, 61, 93
Lermontov, Michail 87
Letten 72
Litauen 18 f., 44, 69
Litauer 42, 77
Livland 25
Livländischer Krieg 22, 94

109

Łódź 62
Lomonosov, Michail 87
Lutheraner 72

Majakovskij, Vladimir 88
Makarij, Metropolit 22
Mandschurei 68
Martov, Lev 31
Marx, Karl 40
Marxismus 40
Marxismus-Leninismus 85
Medved'ev, Dmitrij 46, 97
Mendeleev, Dimitrij 88
Menschewiki 31
Menšikov, Alexander 51
mestničestvo (Rangplatzordnung) 49
Michail Romanov 23
Minin, Kuzma 66 f.
Mir (Landgemeinde) 29, 59 f.
Mittelasien 28, 68, 72 f.
Mongolei 68
Mongolen 12, 17 f., 67 f., 90
Moskau 14, 19 f., 22, 27, 37, 44, 48, 62 f., 69, 82
Muslime 72, 76, 84, 91
Musorgskij, Modest 88

Napoleon 12, 27, 69 f.
Narodniki 30, 61
Narwa 22
Neue Ökonomische Politik (NÖP) 37 f.
Niederlande 78
Nikolaus I. 27 f., 87
Nikolaus II. 33
Nomenklatura 54, 58
Nordkaukasus 44
Normannen 13, 16
Novgorod 16 f., 20 f., 23, 48, 61, 82, 90

Obščina 60
Odessa 62
Oktobristen 32

Oleg (Helgi) 16
Ol'gerd 69
Opričnina 23
Ordensritter 68
Osmanisches Reich 25, 27
Ostberlin 41
Ostermann, Heinrich 51
Österreich 27
Ostpreußen 40, 44
Oströmisches Reich
 → Byzantinisches Reich
Ostseeprovinzen 31, 71, 74

Panslavisten 83
Papsttum 49
Pavlov, Ivan 88
Perestrojka (Umbau) 43, 58, 94
Perovskaja, Sofija 65
Petschenegen 17
Peter III. 26
Peter der Große 24 f., 26 f., 52, 55 f., 67, 84, 87, 93, 94
Petrograd 33, 35
Polen 18, 27 f., 31, 36, 40, 42, 69, 70 f., 73 f., 74, 76 f.
Polen-Litauen 22–25, 69, 86
Polock 17, 22
Polowzer-Kumanen 17
Pomestja (Dienstgüter) 21
Popova, Ljubov' 88
Požarskij, Dimitrij 66, 67
Prag 70
Preußen 27
Prokofiev, Sergej 88
Provisorische Regierung 34
Pskov 17, 20 f., 48, 61
Pugačev, Emel'jan 27, 56
Puškin, Alexander 25, 87
Putin, Wladimir 46, 97

Rasputin, Valentin 63
Razin, Stepan 24, 56
Repin, Il'ja 88
Riga 62
Rimskij-Korsakov, Nikolaj 88

Rjazan' 20 f.
Rjurikiden 16 f., 23
Rossija (Rußland) 10, 13
Rublev, Andrej 82
Rumänen 92
Rus' 13 f., 16–18, 90
Rüß, Hartmut 49

Sacha (Jakutien) 45
Sacharov, Andrej 42
Sammeln der Länder der Goldenen Horde 68
Sammeln der Länder der Rus' 20, 69
Sankt Petersburg 24, 33, 62
Saraj 18
Schweden 19, 22 f., 68 f.
Serben 92
Sibirien 22, 39, 50, 56, 68, 77
Simon, Gerhard 53
Sinjavskij, Andrej 89
Skrjabin, Alexander 88
Slavophile 63, 83 f., 91
Smolensk 17, 20 f., 23 f., 69
Smuta (Wirren) 23, 50, 93
Sobornost' 82
Sofija 65
Solov'ev, Vladimir 82
Solženicyn, Alexander 42, 63, 70, 89
Sowjetpatriotismus 15, 39, 52, 89
Sowjets (Räte) 31, 33 f., 36
Sozialdemokraten 31
Sozialismus 85
Sozialistischer Realismus 89
Sozialrevolutionäre Partei 31, 35
Speranskij, Michail 28
Stalin 15, 37–41, 52, 58, 66, 74, 77, 89, 92
Stalinismus 39–41, 43, 53, 58
Stanislavskij, Konstantin 88
Starina (Tradition) 47

Steppennomaden 90
Stökl, Günther 8
Stolypin, Petr 32, 51
Stravinskij, Igor' 88
Suvorov, Aleksandr 66 f.
Svjatoslav 16

Tannu-Tuva 40
Tataren 18
Tatarstan 45, 75
Tolstoj, Lev 82, 87
Torke, Hans-Joachim 50
Totalitarismus 7, 52 f.
Transkaukasien 27, 31, 73 f.
Trotzki, Leo 35, 57, 78
Tschechoslowakei 41
Tschetschenen 77
Tschetschenien 9, 45, 75
Turgenev, Ivan 87
Tver' 19–21
Tyva (Tuva) 45

Ukraine 24, 35 f., 39 f., 44, 70 f., 74, 77, 80
Ukrainer 10, 14, 17, 34, 72
Ungarn 41
Ural 20, 77, 80
USA 38, 41–43
Uvarov, Sergej 83

Vasilij III. 20
Veče 17, 20, 48, 61
Verfassunggebende Versammlung 35
Vladimir der Heilige 16
Vladimir Monomach 17
Vladimir-Suzdal' 17, 19, 82
Vodka 59
Voltaire 26
Votčina (Erbgut) 21

Waräger 12 f., 16
Warschau 27, 62
Weber, Max 32

Weißrussen 10, 14, 17, 72, 77
Weißrußland 36, 74
Weltkriege 94
Westler 91
Witte, Sergej 30, 51
Wolga 72, 77
Wolga/Ural-Region 72
Wolhynien 17

Zemskij sobor
 (Landesversammlung) 23
Zemstvo 29, 31, 64
Zinov'ev, Grigorij 37
Zjuganov, Gennadij 46
Zwangskollektivierung 38 f., 58,
 62, 80
Zweiter Weltkrieg 40 f., 92